Allegria

Das Buch
Der Engelbote aus dem Lukas-Evangelium

Erzengel Gabriel ist der Erzengel der Lehrer, Künstler, Musiker
und Schriftsteller, die er bei ihrer kreativen Arbeit unterstützt.
Zudem steht er als Engel den Eltern bei ihrem Kinderwunsch,
der Erziehung, der Adoption und der Ausbildung ihrer Kinder
zur Seite.
Die Autorin beschreibt ausführlich die mythischen und biblischen Hintergründe dieses Engels und erzählt von Begegnungen mit ihm. Sie erklärt, worin seine besondere Bedeutung liegt
und wie man mit ihm Kontakt aufnimmt.

Die Autorin

Doreen Virtue ist Psychologin und Familientherapeutin. Sie
stammt aus einer hellseherisch begabten Familie und nutzte
schon als Kind ihren »sechsten Sinn« zur Kommunikation mit
ihren »unsichtbaren Freunden«. In der von ihr entwickelten
Engeltherapie verbindet sie ihre Kompetenz als Psychologin
mit ihren spirituellen Fähigkeiten. Doreen Virtue lebt auf
Hawaii und gibt weltweit regelmäßig Workshops, in denen sie
ihre Engeltherapie unterrichtet. Ihre Bücher, Kartendecks und
CDs haben sie zur bekanntesten Engel-Autorin in Deutsch-
land gemacht mit einer Gesamtauflage von über einer Million.

ERZENGEL GABRIEL

Der Bote Gottes

DOREEN VIRTUE

Aus dem Amerikanischen übersetzt
von Angelika Hansen

Ullstein

Besuchen Sie uns im Internet:
www.ullstein-taschenbuch.de

Neuausgabe im Ullstein Taschenbuch
Ullstein Taschenbuch ist ein Verlag
der Ullstein Buchverlage GmbH, Berlin.
1. Auflage Februar 2016
© für die deutsche Ausgabe
by Ullstein Buchverlage GmbH, Berlin 2014
© für die Originalausgabe
THE MIRACLES OF ARCHANGEL GABRIEL
by Doreen Virtue 2013
Umschlaggestaltung: FranklDesign, München
Titelabbildung: Hay House Inc.
Satz: Keller & Keller GbR
Gesetzt aus der Stone Serif
Druck und Bindearbeiten:
CPI books GmbH, Leck
Printed in Germany
ISBN 978-3-548-74628-9

Gewidmet
unserer gesegneten
Mutter Maria

Inhalt

Einführung 9

Kapitel 1: Empfängnis und Schwangerschaft 25

Kapitel 2: Erziehung und Kindheit 59

Kapitel 3: Visionen von Gabriel 67

Kapitel 4: Gabriels Schriftsteller und Autoren 89

Kapitel 5: Klare Kommunikation 115

Kapitel 6: Gabriels Name und andere Zeichen
des Himmels 143

Kapitel 7: Gabriels professionelle Boten 157

Kapitel 8: Gabriel, der Engel der Kraft 175

Anhang: Biblische Referenzen zu Erzengel Gabriel 189

Über die Autorin 197

Bibliographie 199

Einführung

»Fürchtet euch nicht! Siehe, ich verkündige euch
große Freude, die allem Volke widerfahren wird.«

Diese poetischen Worte von Erzengel Gabriel während der Verkündigung Mariä wecken in mir und vielen anderen starke Emotionen. Mit diesem Satz vermittelt Gabriel Maria und der Welt die Nachricht über die Geburt eines wahren Wundertäters. Was für eine ungeheuer machtvolle Botschaft er damit der Erde überbringt!

In diesem überkonfessionellen Buch werden wir uns eingehend mit Gabriel, dem Botenengel, beschäftigen. Bis auf den heutigen Tag ist Gabriel ein Boschafter für Mütter, Schriftsteller, Dichter und Künstler überall auf der Welt, wie Sie in den wahren Geschichten auf diesen Seiten lesen können.

Um es gleich vorwegzusagen, ich plädiere weder für die Verehrung noch Anbetung von Engeln. Engel wollen nicht verehrt und angebetet werden. Stattdessen gebührt alle Ehre Gott, der die Engel und uns alle erschaffen hat. Dieses Buch erklärt, wie Gott den Menschen Engel sendet, die in Not sind. Insbesondere hat Erzengel Gabriel die Aufgabe erhalten, Müttern und Boten zu helfen.

Die Geschichte und Symbole von Erzengel Gabriel

Zusammen mit Erzengel Michael ist Gabriel einer von nur zwei mit Namen genannten Engeln in der *kanonischen* Bibel, der Bibel, die von den meisten christlichen Glaubensrichtungen akzeptiert wird. Manche Religionen billigen zusätzliche heilige Texte (in der Regel die Schriftrollen vom Toten Meer) als Teil ihrer Bibel, und in diesen Texten werden die anderen Erzengel beschrieben. Zum Beispiel wird der Erzengel Raphael in dem deuterokanonischen Buch Tobit genannt (von katholischen, russisch-orthodoxen und altorientalischen Glaubensrichtungen anerkannt), während Uriel nur in apokryphen biblischen Schriften Erwähnung findet. Erzengel Metatron wird im Buch von Enoch beschrieben, einer weiteren Schriftrolle vom Toten Meer.

Obwohl Michael und Gabriel in der kanonischen Bibel namentlich genannt werden, hat nur Gabriel Konversationen und Begegnungen mit Menschen. In allen heiligen Schriften, in denen Gabriel erwähnt wird, gehört es zu den Aufgaben dieses Engels, mit Menschen zu interagieren und ihnen Führung zukommen zu lassen. Wie Sie in diesem Buch sehen werden, arbeitet Gabriel nach wie vor mit Personen in allen Bereichen des Lebens.

Gabriels Name bedeutet »Kraft Gottes« oder »Stärke Gottes«, abgeleitet von dem semitischen Wort *geber,* das so viel bedeutet wie »stark sein« oder »mehr Macht anwenden«; und *el*, das Wort für »Gott« oder »von Gott«. Gabriel ist in erster Linie als »Botenengel« bekannt. Da das Wort Engel »Bote Gottes« bedeutet, wird Gabriel als der Aufseher menschlicher und himmlischer Boten betrachtet. Und da die Vorsilbe *arch* so viel bedeutet wie »Erster« oder »Chef«, ist Gabriel der »Erste« oder der »Hauptbote«. Und er ist *tatsächlich* der erste Engel, der in der Bibel erwähnt wird (im Buch Daniel). Zudem spielt er eine wichtige Rolle in den drei monotheistischen Religionen Judaismus, Christentum und Islam.

Gabriel wird ursprünglich im Buch Daniel der Schriftrollen vom Toten Meer erwähnt. Bibelgelehrte stimmen überein, dass das Buch Daniel im zweiten Jahrhundert n. Chr. geschrieben wurde und aus einer Mischung von schriftlich festgehaltenen Traditionen, einer Analyse der Geschichte von Babylon und prophetischen Visionen besteht. Dabei handelt es sich um Visionen und Träume des Königs von Babylon und Daniels, der die Funktion eines offiziellen Trauminterpreten für den König erfüllte. Erzengel Gabriel erfüllt dabei eine wichtige Funktion, indem er Daniel hilft, diese Träume zu interpretieren, einschließlich seiner Prophezeiung im Hinblick auf den kommenden Messias. Die meisten Menschen glauben, dass es bei Daniels Messias-Prophezeiung um Jesus Christus geht, aufgrund der darin enthaltenen Zeitachse sowie weiterer Details.

Das nächste Mal erscheint Erzengel Gabriel im Buch Lukas, dem längsten Text in den synoptischen Evangelien des Neuen Testaments. »Synoptisch« nennt man die Bücher Matthäus, Markus und Lukas, die jeweils die gleichen Bibelgeschichten auf unterschiedliche Weise wiedergeben.

Man nimmt an, dass Lukas ein Arzt und Gefolgsmann des Apostels Paul gewesen ist, der das Evangelium fast 100 Jahre nach Jesus' Auferstehung geschrieben hat.

Paul ist der einzige Evangelienverfasser, der Erzengel Gabriel bei seinem Namen nennt.

Als Erstes beschreibt Lukas Gabriels Begegnung mit Zacharias, einem älteren Priester. Sowohl Zacharias als auch seine Gemahlin, Elisabeth, waren Nachkommen von Aaron, Moses älterem Bruder. Sie hatten keine Kinder, und Elisabeth war bereits jenseits ihrer fruchtbaren Jahre. Daher fürchtete sich Zacharias und war überrascht, als er den Erzengel im Tempel sah, wo er als Priester tätig war. Gabriel sagte zu ihm:

»Fürchte dich nicht, Zacharias! Denn dein Gebet ist erhört worden, und deine Frau Elisabeth wird dir einen Sohn gebären, und du sollst ihm den Namen Johannes geben. Und er wird dir Freude und Frohlocken bereiten, und viele werden sich über seine Geburt freuen. Denn er wird groß sein vor dem Herrn; Wein und starkes Getränk wird er nicht trinken, und mit Heiligem Geist wird er erfüllt sein schon von Mutterleib an. Und viele von den Kindern Israels wird er zu dem Herrn, ihrem Gott, zurückführen« (Lukas 1:13–16).

Zunächst debattierte Zacharias mit dem Engel und sagte, er und seine Frau seien zu alt, um Kinder zu kriegen. Doch kurz darauf wurde die Prophezeiung des Engels wahr, und Elisabeth empfing und gebar einen Sohn, der als Johannes der Täufer bekannt werden sollte.

Sechs Monate später brachte Gabriel Maria, der Frau von Joseph, eine ähnliche Verkündigung bezüglich der bevorstehenden Geburt von Jesus Christus. Auch Maria war von dieser Prophezeiung überrascht, da sie noch immer Jungfrau war. Doch genau wie bei Zacharias' und Elisabeths ungewöhnlicher Empfängnis stellte sich auch bei Maria die Prophezeiung Gabriels als wahr heraus. Da der Erzengel Daniel geholfen hatte, seine Vision über den kommenden Messias zu interpretieren, wird deutlich, dass Gabriel tatsächlich in zwei Verkündigungen involviert war, die das Erscheinen Jesu voraussagten.

Sechshundert Jahre nach Jesus' irdischem Leben erhielt der Prophet Mohammed im arabischen Mekka einen Besuch von Erzengel Gabriel, als er in einer Höhle meditierte. Von diesem Zeitpunkt an bis zu seinem Tod wurden Mohammed immer wieder Offenbarungen von Gabriel zuteil. Mohammeds schriftliche Offenbarungen des Erzengels sind das Fundament der islamischen heiligen Schrift, des Korans. Darin wird der Erzengel als *Jibril* bezeichnet, die arabische Übersetzung des Namens Gabriel.

Im Buch *Mohammed: The Man and His Faith* von T. Andrae zitiert der Autor Mohammed, der seine Interaktionen mit Erzengel Gabriel beschreibt:

»Die Offenbarung kommt auf zwei Arten zu mir. Manchmal besucht Gabriel mich und spricht mit mir wie ein Mensch zum anderen. Aber dann vergesse ich, was er gesagt hat. Doch dann kommt wieder die Botschaft zu mir wie mit dem Ton einer Glocke, der mein Herz verwirrt. Und was mir auf diese Weise offenbart wird, verlässt mich nie.«

Gabriel wird auch im Buch Enoch aus den Schriftrollen vom Toten Meer erwähnt, den drei kanonischen Büchern der Äthiopisch-Orthodoxen Kirche und der Eritreisch-Orthodoxen Tewahedo-Kirche. Enoch war der Urgroßvater von Noah und der Urgroßenkel von Adam, der mithilfe der Erzengel Gabriel und Michael den Himmel besuchte und einen klaren Blick auf Gott und die Engel erhascht hatte. Am Ende seines Lebens wurde Enoch von Gott zum Erzengel Metatron ernannt.

Im ersten Buch Enoch beordert Gott Erzengel Gabriel, gefallene Engel von der Erde zu vertreiben, die sich mit Menschenfrauen paarten, um Kinder und Sünder hervorzubringen. Im Buch Enoch wird Gabriel auch beschrieben als »einer der heiligen Engel, die den Garten Eden, die Schlangen und die Cherubim überwachen« (1 Enoch 20:7).

Außerdem spielt Gabriel wichtige Rollen in hebräischen *midrashins* (Legenden und Texte, die näher auf die Geschichten in der hebräischen Bibel eingehen). Laut den *midrashins* oblag Gabriel die Aufgabe, dafür zu sorgen, dass

Abraham als Baby am Leben blieb. Außerdem lehrte er Joseph verschiedene Sprachen. Und er sorgte dafür, dass Baby Moses weinte, um die Aufmerksamkeit der Tochter des Pharao auf sich zu ziehen, die ihn daraufhin an Kindes statt annahm.

Gabriels Symbole: Lilien und ein Horn

Jeder Erzengel hat ein Symbol, das seine individuelle Mission deutlich macht. Erzengel Michael zum Beispiel hat ein Schwert, weil er über die Angst triumphiert. Raphaels Symbol ist ein Fisch, weil im Buch Tobit geschrieben steht, wie der Erzengel einen blinden Mann heilte, indem er gemahlenen Fisch in seine Augen gab (begleitet von Gebeten um Heilung).

Zu den Symbolen Gabriels gehören ein Horn bzw. eine Trompete aus Kupfer und weiße Lilienblüten. Das Horn benutzt der Erzengel, um Botschaften zu verkünden und unsere Aufmerksamkeit zu erlangen. Manche Menschen glauben, dass Gabriels Horn auch am »Jüngsten Tag« zum Einsatz kommen wird, wenngleich es sich hierbei um eine Legende handelt, die erst Jahrhunderte nach der Entstehung der Bibel ihren Anfang nahm, zum Beispiel in der volkstümlichen Literatur, unter anderem dem Buch *Paradise Lost* von John Milton, sowie in Gemälden, die spätestens ab dem 15. Jahrhundert entstanden.

Gabriel wird in der Regel mit einer langstieligen weißen Lilie abgebildet. Lilien repräsentieren Reinheit und spirituellen Glauben. Außerdem werden sie mit Mutter Marias Demut und Bescheidenheit assoziiert, daher hält Gabriel diese Blumen in der Hand als Zeichen für die Verbindung zur gesegneten Mutter. Lilien mit drei Blütenblättern sind ein Symbol für die Heilige Dreifaltigkeit und die Basis der *fleur-de-lis*, der bourbonischen Lilie, des ehemals königlichen Wappens Frankreichs.

Eine Leserin namens Michele Lackey erzählte mir ihr Erlebnis mit Gabriel und dieser besonderen Blume:

>»Eines späten Abends fuhr ich zum Lebensmittelladen an der Ecke, um noch schnell eine Kleinigkeit einzukaufen. Die Wochen zuvor waren ziemlich stressig gewesen, da ich meinen Job in einem Yoga-Retreat-Center aufgegeben hatte und ein neues Wirkungsfeld suchte. Ich war verwirrt und nicht sicher, was ich im Hinblick auf meine Karriere erwarten konnte.

Die Kaffeetheke in dem Laden war geschlossen, und die Stühle standen schon auf den Tischen. Plötzlich hielt ich inne. Auf einem der Tische direkt vor mir lag ein langstieliges lilienförmiges Maiglöckchen – die gleiche Art von Blumen, mit denen Gabriel in vielen Bildern dargestellt wird! Auf dem Weg zur Kasse fragte ich mich, wie sie wohl dahin gekommen sein mochte. (Übrigens hatte ich die Blume nicht mitgenommen, weil ich Angst hatte, die Kassiererin könnte glauben, ich hätte sie aus der Blumenabteilung gestohlen. Manchmal kann der logische Verstand schon ein echtes Hindernis sein!) Während ich in der Schlange vor der Kasse wartete, beschloss ich, beim Hinausgehen die Blume nun doch mitzunehmen. Aber als ich sie holen wollte, war sie nicht mehr da! Irgendwie kam mir das alles sehr mysteriös vor.

Ich weiß zwar nicht, was mit ihr passiert ist, doch seit jenem Tag sind Maiglöckchen für mich heilig. Wann immer ich eine dieser Blumen sehe, fühle ich eine besonders starke Verbindung zu ihr. Mittlerweile benutze ich sie auch bei meiner Heilungs-Blumen-Meditation – mit wunderbarer Wirkung. Außerdem erinnert sie mich jedes Mal an Erzengel Gabriel. Ich bin zutiefst dankbar für dieses Erlebnis, das mich im Laufe der Jahre immer wieder mit dem deutlich empfundenen Gefühl göttlicher Präsenz beschenkt hat.«

Obwohl in der Bibel nie erwähnt wird, dass Gabriel ein Horn in der Hand hält, ist dieses Instrument sowohl zu einem buchstäblichen als auch zu einem künstlerischen Symbol des Erzengels geworden, mit dem er seine Botschaften verkündet. Da Gabriel in zwei apokryphen heiligen Texten erscheint – im Buch Daniel und im Buch Enoch, in denen historische apokalyptische Ereignisse aus jener Zeit beschrieben werden –, sind viele Menschen zu dem Schluss gekommen, dass Gabriels Horn auch erschallen wird, um die »Endzeit« anzukündigen. Dieser Glaubenssatz wird auch in hebräischen *midrashins* erwähnt.

Dies scheint eine eher dunkle Interpretation des Horns zu sein, während es wahrscheinlicher ist, dass sie benutzt wurde, um die Aufmerksamkeit der Menschen aufzurütteln, damit sie auf die bevorstehende Botschaft hören! In Wahrheit spielt Gabriel eine wichtigere Rolle bei der Verkündigung neuer *Anfänge* (wie bei der bevorstehenden Geburt von Johannes dem Täufer und Jesus Christus) als in Endzeit-Prophezeiungen.

Ist Gabriel männlich oder weiblich?

Das Thema von Gabriels Geschlechtszugehörigkeit hat seit jeher Kontroversen und Spekulationen ausgelöst. Ist Gabriel ein männlicher oder ein weiblicher Engel? Die Bibel des Alten und des Neuen Testaments, der Koran und die Schriftrollen vom Toten Meer sprechen von »ihm«, wenn sie Gabriel meinen. Doch auf zahllosen Gemälden der Verkündigung wird Gabriel mit einem weiblichen Gesicht und Körper und weiblicher Bekleidung dargestellt. Achten Sie einmal auf die Bilder und Gemälde von Gabriel in diesem Buch, und Sie werden sehen, dass er langes, gewelltes Haar hat und ein fließendes Gewand trägt.

Vergleichen Sie dies mit Darstellungen von Erzengel Michael, der stets mit ultramaskulinen Gesichtszügen, einer Rüstung und kräftigen Muskeln abgebildet wird.

Letztendlich haben Engel keinen menschlichen Körper mit männlichen oder weiblichen Geschlechtsmerkmalen.

In den meisten Gemälden und Statuen der Verkündigung ist Gabriel weiblich dargestellt.

Sie haben jedoch Persönlichkeiten und erfüllen spezielle Rollen, die sich nicht eindeutig als männlich oder weiblich festlegen lassen.

Da Engel nicht physische Wesen sind, können sie ihre Erscheinung verändern, damit wir sie erkennen können und uns nicht fürchten.

Eine Frau aus Kopenhagen erzählte mir, wie sie eines Tages, als sie sehr krank war und im Wartezimmer ihres Arztes saß, eine Präsenz neben ihr fühlte. Sie blickte auf und sah einen männlichen Engel an ihrer Seite, der ihr sagte: »Mein Name ist Gabriel, und ich bin einer deiner Schutzengel. Bitte mach dir keine Sorgen um deine Gesundheit, da du vollkommen geheilt werden wirst. Du hast vier spirituelle Helfer, die über dir wachen.« Dann zeigte er der Frau eine Vision der vier Helfer. Sofort fühlte sie sich beruhigt und erleichtert, und es dauerte nicht lange, bis sie wieder völlig gesund war.

Ein paar Jahre später lag sie im Bett und meditierte, als sie die Vision eines wunderschönen weiblichen Engels sah, der ebenso sagte, ihr Name sei Gabriel. Als die Frau den Engel fragte, warum er ihr zuvor als männlicher Engel erschienen war, vermittelte Gabriel ihr die Information, dass »sie« immer in demjenigen Geschlecht erscheint, das der betreffenden Person in dem Moment am besten hilft. Bis auf den heutigen Tag empfängt die Frau beim Komponieren und Schreiben Hilfe von Gabriel.

Und hier ist ein weiteres Beispiel einer Frau, die überrascht – und getröstet – war, als Gabriel ihr in weiblicher Form erschien:

Nach ihrer Scheidung war Sabrina Mizerek damit beschäftigt, ihr Leben neu zu ordnen. Während der Scheidung hatte sie bei einem Gebet um Hilfe ein wundersames Erlebnis gehabt und den gesamten Scheidungsverlauf gesehen, wie er sich von Streitereien und gegenseitigen Anklagen zu einer einvernehmlichen Lösung entwickelte. Also setzte sie ihren spirituellen Weg fort, indem sie Verbindungen zu den Erzengeln Michael und Gabriel aufnahm.

Sabrina war überrascht zu lesen, dass ich in meinen Büchern Gabriel als einen weiblichen Erzengel beschreibe. Also beschloss sie, Gabriel direkt zu fragen! Sie hatte gelernt, ihren Geist zu beruhigen und sich auf die Bitte um spirituellen Beistand zu konzentrieren. Sabrina betete, schloss die Augen und fragte innerlich: *Erzengel Gabriel, bist du ein weiblicher Engel?*

Im nächsten Moment hörte sie in ihrem Kopf eine Stimme, die weiblich klang, aber nicht so wie ihre eigene weibliche Stimme. Die Stimme sagte »*Ja*« als Antwort auf Sabrinas Frage. Sabrina war so begeistert darüber, dass sie diese Antwort so klar und deutlich gehört hatte, dass sie beinahe den Kontakt zu Gabriel verlor. Doch versuchte sie ihr Bestes, die Verbindung aufrecht zu halten, und beschloss,

die Gedanken aufzuschreiben, die sie empfing und durch ihre Emotionen filterte.

Die Botschaft, die Sabrina von Gabriel empfing, besagte, dass sie, Sabrina, eine starke Frau war, eine Kriegerin der Liebe so wie der Erzengel. Gabriel kommunizierte mittels Gedanken und Gefühlen, dass es okay für Sabrina war, ihre Träume in die Tat umzusetzen und mehr Zeit damit zu verbringen, mit ihrem kleinen Sohn zu spielen und ihm zuzuhören.

Sabrinas Verbindung zu Gabriel ist im Laufe der Zeit immer stärker geworden. Heute ist sie eine bessere Mutter und hat zudem damit begonnen, ihren Traum Realität werden zu lassen. Sie sagt: »Ich fühle mich gesegnet und bin Gabriel aus tiefstem Herzen dankbar.« 🖎 🖎

Sie werden merken, dass die Geschichten in diesem Buch sowohl weibliche als auch männliche Pronomen für Erzengel Gabriel enthalten, entsprechend der Art, wie die Person, die die Geschichte erzählt, den Engel wahrgenommen hat. Sie alle zeigen einen großen Respekt für die Bibel, die Tradition und den Erzengel der Verkündigung.

Vielleicht versucht Erzengel Gabriel angesichts der Tatsache, dass Religion vorherrschend patriarchalisch ist, die männlichen und weiblichen Energien ins Gleichgewicht zu bringen – für alle, die weibliche Stärke und Trost brauchen. Schließlich ist Gabriel eng mit der Königin der Engel, Mutter Maria, assoziiert, die ebenso die Verkörperung idealer Weiblichkeit und höchster Kraft ist.

Ich habe festgestellt, dass Erzengel Gabriel allen, die diesem machtvollen Wesen begegnen, perfekt ausgewogene patriarchalische und matriarchalische Hilfe zukommen lässt. Gabriel ist sowohl fürsorglich, liebevoll, mitfühlend und sanft (als weibliche Eigenschaften geltend) als auch stark, helfend und motivierend (entsprechende männliche Eigenschaften).

Letzten Endes wird jede Kontroverse in Bezug auf Erzengel Gabriels Geschlecht vertrieben vom Fokus auf seine gloriose himmlische Hilfe und die Heilung, die er jedem von uns anbietet. Die Geschichten in diesem Buch sind bemerkenswert, ergreifend und tief beeindruckend.

Wenn Sie meine anderen Bücher über Engel gelesen haben (*Erzengel Michael*, *Erzengel Raphael* und *Maria, Königin der Engel*), werden Sie in der Lage sein, die energetischen Unterschiede zwischen diesen himmlischen Helfern zu fühlen.

Erzengel Michaels kraftvolle und sehr männliche Energie strahlt eine spürbare physische Hitze aus, die mit seiner Präsenz assoziiert wird. Viele Menschen geraten tatsächlich ins Schwitzen, wenn sie sich an Michael wenden oder ihm begegnen.

Erzengel Raphaels Energie ist besonders liebevoll und fühlt sich an wie eine sanfte, heilende Vibration, die durch den Menschen pulsiert, der eine Heilung von ihm empfängt.

Die gesegnete Mutter Maria verströmt eine überirdische Süße, Reinheit und Anmut, kombiniert mit klaren und starken Grenzen, wie die ideale Mutter, die ihre Kinder bedingungslos liebt, doch wenn nötig auch streng sein kann, wenn es darum geht, die Sicherheit der ihr Anvertrauten zu gewährleisten.

Da Erzengel Gabriel so eng mit Mutter Maria verbunden ist, leuchtet es ein, dass sich dieser Engel durch eine ähnliche Balance von sanften und starken Energien auszeichnet.

🕊 🕊

In Kapitel 1 werden wir uns näher anschauen, wie Erzengel Gabriel Müttern hilft und Babys ermöglicht, auf den Flügeln der Engel auf die Erde zu kommen.

🕊 🕊 🕊

Kapitel Eins

EMPFÄNGNIS
UND
SCHWANGERSCHAFT

Als Erzengel Gabriel Zacharias verkündete, dass seine Frau, Elisabeth, einen Sohn gebären wird, der Vorgänger von Jesus Christus sein würde, war der Priester skeptisch. Schließlich waren er und seine Frau in fortgeschrittenem Alter. Viele Gelehrte glauben, dass Elisabeth bereits jenseits des gebärfähigen Alters war. Doch wie in der Einführung beschrieben, stellte sich Gabriels Ankündigung als wahr heraus, und sie gebar Johannes den Täufer, der als Vorhut von Jesus verschiedene Städte bereiste.

Die wahrscheinlich berühmteste Verkündigung geschah, als Gabriel Maria besuchte und erklärte, dass sie einen Sohn namens Jesus Christus auf die Welt bringen würde. Genau wie Zacharias konnte auch Maria, die noch Jungfrau war, diese Neuigkeit nicht glauben.

Seit der Ankündigung Gabriels über die Geburten von Johannes dem Täufer und Jesus Christus ist der Erzengel mit der Nachricht von Empfängnis assoziiert worden. Wenn man auch geneigt ist zu denken, dass der Besuch eines so wichtigen Engels wie Gabriel für Heilige reserviert ist, zeigen unzählige Geschichten, dass der Erzengel reinherzigen Menschen überall auf der Welt hilft. Erzengel Gabriels Ankündigungen wundersamer Geburten gibt es bis zum heutigen Tag, wie Sie in diesem Kapitel lesen werden.

Zum Beispiel empfing eine Frau namens Venyz aus Malaysia in einem Traum eine Botschaft des Erzengels. Darin kniete Venyz mit gebeugtem Kopf vor einem männlichen Engel, der beinahe durchsichtig war, mit goldenen, lockigen Haaren. Er trug ein goldfarbenes Gewand und war umgeben von einem funkelnden Licht.

Venyz wusste sofort, dass es Erzengel Gabriel war, der da vor ihr stand. Er verkündete, dass sie schwanger war, dass Gott ihr dieses Baby als Geschenk geschickt hatte und dass sie sich gut »um ihn« kümmern sollte.

Venyz erinnerte sich, wie sie in diesem Moment große Neugier bezüglich Erzengel Gabriel fühlte, weil sie sich seiner Geschlechtszugehörigkeit nicht hundertprozentig sicher war. Sie sagt dazu: »An diesem Punkt fühlte ich mich, als würde ich unter der Zimmerdecke schweben, und dann wachte ich auf.«

Sie nahm einfach an, dass es sich dabei nur um einen Traum gehandelt hatte, doch als sie eine Woche später wegen Magenbeschwerden zu einem Arzt ging, bestätigte dieser ihre Schwangerschaft. Bei einer Ultraschalluntersuchung kurz darauf entdeckte sie, dass sie einen Jungen haben würde!

Venyz sagte: »Ich danke Gott von Herzen, dass er mir ein solch wundervolles Geschenk gesandt hat. Mein süßer Sohn wird demnächst zwei Jahre alt; und er ist ein kluger, liebevoller und unbeschwerter Bub!«

Die Geschichte von Venyz bestätigt Gabriels Erscheinung in ihrem Traum, weil sie zu dem Zeitpunkt nicht einmal mit dem Gedanken spielte, Mutter zu werden. Damit ist ausgeschlossen, dass der Traum eine Kreation des Unbewussten war oder das Produkt von Wunschdenken.

Viele Menschen haben Engel-Visitationen in ihren Träumen, weil ihr skeptischer Verstand schläft und ihre Seelen offen sind für spirituellen Kontakt. Diese Visitationen zeichnen sich stets durch eine mehr als reale Qualität aus – verglichen mit normalen Träumen. Menschen, die von Engeln besucht werden, erinnern sich noch Jahre später an jede Einzelheit der Begegnung, während reguläre Träume im Laufe der Zeit schwächer werden, bis sie irgendwann dem Vergessen anheimfallen.

⚜ ⚜

Fehlgeburten sind schmerzhafte Krisen für die betreffenden Frauen und ihre Familien, die große Trauer verursachen. Man kann Erzengel Gabriel bitten, sowohl die physischen und emotionalen Schmerzen einer Fehlgeburt zu heilen als auch die Angst einer Schwangeren zu beruhigen, die bereits Fehlgeburten hatte.

Zum Beispiel erzählte mir eine Frau mit Namen Corinne von ihrem tief greifenden Erlebnis mit Gabriel einige Jahre zuvor. Sie war damals 42 Jahre alt und hatte bereits zwei tragische Fehlgeburten erlitten. Jetzt war sie erneut schwanger (erst seit ein paar Wochen) und verständlicherweise sehr ängstlich. Um sich zu beruhigen, begann sie zu meditieren, indem sie die Augen schloss, tief ein- und ausatmete und sich auf das Göttliche fokussierte. Eines Tages während ihrer Meditation sah Corinne vor ihrem inneren Auge eine Vision des Erzengels Gabriel.

Ich selbst habe seit meiner Kindheit immer wieder solche inneren Visionen erlebt und kann daher ihre Gültigkeit bestätigen. Es kommt sehr oft vor, dass ich mit einer

klaren Vision aus einem Traum erwache, die ich dann später mittels Nachforschung oder durch eine Erfahrung, die genauso eintrifft wie vorhergesagt, bestätigen kann. Daher achte ich auch auf die Visionen anderer Menschen.

»Vor meinem inneren Auge sah ich Gabriel«, erinnerte sich Corinne, »wie er mir eine pinkfarbene Rose reichte und mich dabei wissend anlächelte. Von diesem Moment an wusste ich, dass ich eine Tochter bekommen würde, dass die Schwangerschaft komplikationslos verlaufen und mein Baby unter Gabriels Schutz stehen würde. Acht Monate später brachte ich ein kräftiges, perfektes kleines Mädchen auf die Welt, das ich Gabriela nannte. Bis heute wacht Erzengel Gabriel über meine Tochter, und wir fühlen uns beide sehr verbunden mit ihm.«

🌿 🌿

Manchmal kommen Visionen und Träume in Kombination, was bedeutet, dass Mütter sowohl Wach- als auch Traumvisitationen von Erzengel Gabriel erfahren. Auf diese Weise hat die Mutter nicht den geringsten Zweifel, was den himmlischen Ursprung der Botschaften in Bezug auf ihr kommendes Baby betrifft.

Für eine Engel-Therapeutin namens Camille Mojica Rey war der Besuch Gabriels eine Überraschung. Schließlich hatte Camille bereits zwei Kinder, und ihr Mann wollte kein weiteres; außerdem hatte sie bereits zwei Fehlgeburten hinter sich. Nichtsdestotrotz fühlte sie eine Art sanftes göttliches Drängen, noch ein Kind zu bekommen. Doch sie fürchtete, für eine Empfängnis schon zu alt zu sein.

Doch eines Tages hatte Camille dann eine Vision von Erzengel Gabriel, der ihr als hochgewachsener weiblicher Engel erschien. Kurz darauf träumte sie von ihrer Mutter, die ein Baby im Arm hielt, und in dem Traum erkannte sie, dass das Kleine ihr eigenes Kind war!

Als Camille sich die Geschichte aus dem Lukasevangelium genauer anschaute, sah sie, dass auch Elisabeth bereits in fortgeschrittenem Alter war, als Gabriel ihre Schwangerschaft ankündigte. Bibelgelehrte glauben, dass Elisabeth die Wechseljahre bereits überschritten hatte und dass ihr Sohn, Johannes der Täufer, ihr erstes Kind war.

Als Camille das erfuhr, fühlte sie sich total inspiriert! Schon bald bestätigte ihr der Arzt, dass sie tatsächlich ein Kind erwartete, und sie hatte eine in jeder Beziehung wunderbare Schwangerschaft.

Vor Kurzem schrieb Camille mir und sagte:

»Ich freue mich, berichten zu können, dass Lola Christina Rey am Mittwoch, dem 26. September 2012, um 12.19 Uhr in San José, Kalifornien, das Licht der Welt erblickte. Der Kaiserschnitt verlief ohne Probleme. Lola ist gesund, und sie kickte schon dann heftig mit den Beinchen, als die Ärzte den Schnitt setzten, um sie herauszuholen. Sie ist wunderschön und hat die Herzen aller im Sturm erobert, die im Krankenhaus mit ihr in Kontakt kamen. Sie beeindruckte sogar die Ärzte, indem sie lächelte und den Leuten mit den Augen folgte. ›Hat der Kleinen noch niemand gesagt, dass Babys mit drei Tagen so was noch gar nicht können?‹, witzelte ein Arzt.

Die Engel wachten weiterhin im Krankenhaus über uns. Das wurde mir bestätigt, als wir unser ›Mutter-Kind-Zimmer‹ betraten und feststellten, dass man vom Fenster aus die Krankenhauskapelle sehen konnte. Von meinem Bett aus konnte ich den Kirchturm sehen, herrliche Redwood-Bäume und in der Nacht das Aufsteigen des Vollmondes, der alles in sein sanftes, weiches Licht tauchte.

Lola ist nach meiner verstorbenen Mutter benannt. Sie sieht genauso aus wie das Baby, das meine Mutter mir im Traum gezeigt hatte. Kürzlich habe ich noch einmal genau nachgeschaut, wann ich die erste Gabriel-Visitation hatte. Es war am 15. Oktober 2011. Ein knappes Jahr später bin ich Mutter einer kleinen Tochter und stehe am Beginn einer neuen Karriere, mit der ich meine Lebensaufgabe als spirituelle Lehrerin erfülle. Erzengel Gabriel wird immer einen besonderen Platz in meinem Herzen haben, denn er war es, der mir die Neuigkeit dieser bevorstehenden Wunder gebracht hat.«

        🙢   🙢

Zweitausend Jahre nach der biblischen Verkündigung kündigt Erzengel Gabriel auch heute noch Frauen überall auf der Welt ihre Schwangerschaften an. Manchmal bezieht sich Gabriels Ankündigung auf eine bereits bestehende Schwangerschaft, und zu anderen Zeiten auf eine zukünftige. In jedem Fall bringen Gabriels Botschaften den Müttern, Vätern und ihren Familien große Freude.

Mir ist aufgefallen, dass bei vielen der Geschichten, die mir geschickt werden und in denen Erzengel Gabriel eine Schwangerschaft ankündigt, Meditation eine Rolle spielt. Das könnte daran liegen, dass Meditieren den Geist beruhigt und den Fokus auf Gottes Willen und Botschaften richtet. Wenn Menschen lernen, die laute Welt und das zuweilen ebenso laute innere Geplapper des Verstandes zu ignorieren, können sie in allen Bereichen ihres Lebens die göttliche Stimme besser hören.

Es mag sich zunächst wie eine Herausforderung anfühlen, zwischen der wahren göttlichen Stimme und der Imagination, dem Ego oder niederen Energien zu unterscheiden. Doch wie alles Wichtige im Leben braucht es Übung – und was könnte wichtiger sein, als zu lernen, wie man die Botschaften Gottes und der Engel klar hören kann?

Die gleiche Fähigkeit hilft Ihnen auch, Führung von Jesus, Mutter Maria und jeder anderen verehrten Gottheit Ihrer jeweiligen Religion zu hören.

Sie können zum Beispiel einen Meditationskurs machen, so wie eine Frau mit Namen Julie Lovelock es getan hat. Sie sagte mir, dass dieser Kurs ihr zu einer klaren Vision und Botschaft von Erzengel Gabriel verholfen hat, der ihre Schwangerschaft ankündigte.

Julie hatte gerade eine besonders schwierige Periode in ihrem Leben hinter sich – es gab Probleme mit ihrer Mutter und ihrem geschiedenen Mann, sie hatte einen sehr kranken Sohn und lange unter einer schweren Depression gelitten. Dann lernte sie einen wundervollen Mann kennen

(ihr gegenwärtiger Ehemann Gareth), der viel Gutes in ihr Leben brachte. Unter anderem kümmerte er sich um ihren Sohn, sodass sie regelmäßig an einem Meditationskreis teilnehmen konnte.

Während einer dieser Meditationen kam Julie in Kontakt mit Engeln und erhielt Führung, doch da sie noch nicht viel Erfahrung mit Meditation hatte, war das Ganze sehr undeutlich und nebelhaft. Allerdings erinnerte sie sich daran, eine schöne, warme und wohltuende Präsenz gefühlt zu haben, und vor ihrem inneren Auge konnte sie ein Gesicht sehen, das entweder nickte oder den Kopf schüttelte, wenn man eine Frage stellte. Julie fragte, ob sie schwanger sei, woraufhin sie ein Nicken sah. Dann wollte sie wissen, ob das Baby ein Mädchen sein würde, was mit einem weiteren Nicken beantwortet wurde. Julie fragte, ob das Mädchen den Namen Elizabeth erhalten würde, und als Antwort erhielt sie wieder ein Nicken.

Julie erinnert sich: »Heute habe ich eine schöne Tochter namens Elizabeth (die gerne Beth genannt werden möchte und bald 14 wird). Doch im Laufe meiner Schwangerschaft habe ich damals immer wieder den Namen Gabriel gehört. Und zwar so häufig, dass ich, wenn mein Baby ein Sohn gewesen wäre, ihm diesen Namen gegeben hätte. Mittlerweile habe ich herausgefunden, dass Gabriel der Erzengel ist, der Seelen von einem Leben ins nächste begleitet.«

Julie war sehr dankbar für Erzengel Gabriels Gegenwart, vor allem nach dem vorherigen Trauma der Krankheit ihres Sohnes (der heute ein gesunder Neunzehnjähriger ist). Sie war in der Lage, ihre Schwangerschaft ohne Ängste zu überstehen, und ihre putzmuntere Tochter Elizabeth war das Resultat. Julie kommuniziert weiterhin mit den Engeln einschließlich Gabriel und ist unendlich dankbar für all ihre Hilfe.

Göttlich beschützte Schwangerschaft

Meine Forschungen über Erzengel Gabriel waren akademischer Natur (indem ich u. a. die Bibel und andere heilige Schriften las), und ich habe Feldstudien bei Personen gemacht, die in heutiger Zeit Wunder erlebten, die sie der Intervention von Erzengel Gabriel zuschreiben. Einige dieser Wunder sind spontan eingetreten, ohne dass sich die betreffende Person speziell an Gabriel gewandt hat. Ich glaube, dass in diesen Fällen Gott den am besten geeigneten Spezialisten schickte, um in der jeweiligen Situation zu helfen.

Jeder Erzengel hat eine Spezialität. Erzengel Michael zum Beispiel hat die Aufgabe, das Böse und die Angst aus der Welt zu schaffen. Erzengel Raphael ist der Engel der Heilung, was darauf zurückzuführen ist, dass er dem blinden Tobit das Augenlicht wiedergegeben hat, so wie es im nicht kanonischen Buch Tobit beschrieben wird.

Die Spezialität von Erzengel Gabriel ist zweifacher Natur: Er ist sowohl der Botenengel, ausgestattet mit einer Kupfertrompete, als auch der Engel, der Empfängnis, Schwangerschaft, Geburt und frühe Kindheit ankündigt.

Im Laufe der Jahre habe ich Hunderte Geschichten von Müttern erhalten, die Erzengel Gabriel um Hilfe bei ihrer Schwangerschaft gebeten haben, wie zum Beispiel in dem folgenden Erlebnis einer Russin namens Elena Sorokina.

Als Elena mit ihrem ersten Kind schwanger war, merkte sie, dass sie sensitiver wurde für bestimmte Energien. Sie begann, die Präsenz von Engeln zu fühlen, die sie und ihr Ungeborenes beschützten. Dann fand Elena zwischen ihren Sachen eine kleine Statue von Erzengel Gabriel, die sie Jahre zuvor gekauft und völlig vergessen hatte. Als Elena das schöne Gesicht des Erzengels betrachtete, sagte ihr ein inneres Wissen und Wiedererkennen, dass die Energie, die aus dem Antlitz des Engels strahlte, die gleiche beschützende Präsenz war, die sie immer um sich herum gefühlt hatte.

Sie hörte, wie Gabriel zu ihr sagte: »Alles wird gut verlaufen. Du hast alles richtig gemacht. Und ab jetzt werde ich dein Schutzengel sein.«

Seither fühlt Elena jeden Tag Gabriels beschützende Gegenwart. Sie sagt:

»Gabriel und Mutter Maria haben dafür gesorgt, dass meine Schwangerschaft perfekt verlief. Mein Blutdruck war stets normal, alle Analysen waren einwandfrei. Ich hatte keine Schmerzen und keine Ödeme. Ich machte Wasser-Aerobics und konnte genauso ausdauernd wandern wie vor der Schwangerschaft.

Ich fühlte mich innerlich ruhig, beschützt und stark. Mir schien, als würde ich von innen heraus leuchten. Als der Zeitpunkt der Geburt näher rückte, bat ich Erzengel Gabriel und Mutter Maria, an meiner Seite zu sein. Es war eine schmerzhafte, aber schnelle Geburt. Mein Sohn war gesund und schrie so gut wie nie. Man gab uns ein Einzelzimmer, obwohl die Entbindungsklinik in jener Nacht überfüllt war.

Alles war tatsächlich wunderbar, so wie Erzengel Gabriel es mir gesagt hatte. Ich fühlte seine liebevolle Gegenwart und seinen Schutz auch während der ersten zwei Jahre nach der Geburt meines Sohnes. Danke, Gott, Maria und Erzengel Gabriel, für eure bedingungslose Liebe und viel benötigte Hilfe! Ich wünschte, alle schwangeren und jungen Mütter würden Gabriels Hilfe in ihr Leben einladen!«

Das wünsche ich auch, Elena!

Risikoschwangerschaften

Manchmal läuft bei Schwangerschaften etwas schief, und es gibt ernste Gefahren, welche die Gesundheit des Babys bedrohen. Dann kann Erzengel Gabriel auf wundersame Weisen Gottes Heilung bringen.

Amanda Bain war begierig darauf zu erzählen, wie ihre zweite Tochter, Gabriella, zu ihrem Namen kam. Als Amanda schwanger war und ihr Arzt in der 30. Woche routinemäßig eine Ultraschalluntersuchung durchführte, gab er ihr die sehr beunruhigende Nachricht, dass ihr Baby – ein Mädchen – eine Plexus-Zyste im Gehirn hatte und ein Level-II-Ultraschall gemacht werden musste, um Genaueres erkennen zu können. Das Ergebnis dieser Untersuchung zeigte, dass sich tatsächlich eine große, isolierte Zyste im Gehirn ihrer ungeborenen Tochter gebildet hatte. Und mit einer Wahrscheinlichkeit von 1 zu 300 würde diese Zyste eine Trisomie 18 hervorrufen – eine genetische Störung mit solch schwerwiegenden mentalen Fehlfunktionen, dass deswegen die Schwangerschaft abgebrochen werden müsste.

Da Amanda erst 23 Jahre alt war und es in ihrer Familie keine Fälle von Geburtsdefekten gab, hielt ihr Arzt eine Fruchtwasseruntersuchung für unnötig. Sie musste einfach abwarten und hoffen, dass die Zyste sich im dritten Trimester von selbst auflösen würde.

Amandas Mutter Lisa, eine zertifizierte Engel-Therapeutin, die 2006 meinen Kurs absolviert hatte, riet ihrer Tochter, sich an Erzengel Gabriel zu wenden, dem Beschützer und fürsorglichen Helfer von Schwangeren und Kindern.

Amanda sagte mir: »Ich habe jeden Tag mit Erzengel Gabriel gesprochen und geschworen, dass ich meinem Töchterchen ihm zu Ehren seinen Namen geben würde, wenn sich die Zyste in ihrem Gehirn auflöste. In einer weiteren Ultraschalluntersuchung im dritten Trimester konnten wir sehen, dass die Zyste total verschwunden war. Sie kam etwa zehn Tage nach dem errechneten Geburtstermin zur Welt – mit weit geöffneten Augen, hellwach und von Kopf bis Fuß gesund. Sie hatte von Anfang an wunder-

schöne kupferfarbene Ringellöckchen und hat sie bis heute, mit fast vier Jahren, immer noch – dazu große hellblaue Augen. Wann immer ich eine *Erzengel Gabriel*-Karte aus meinen *Erzengel-Orakel-Deck* ziehe, muss ich lächeln – angesichts der Ähnlichkeit zwischen meiner wunderschönen Tochter und ihrem Namensgeber.«

Wie schön, dass Amandas Tochter kupferfarbenes Haar hat, die gleiche Farbe wie die Trompete des Erzengels Gabriel!

Geburt

Erzengel Gabriel hält während der ganzen Schwangerschaft die Hand der werdenden Mütter, bis hin zur Geburt und darüber hinaus.

Der Geburtsvorgang in einer gesund verlaufenden Schwangerschaft ist beängstigend genug! Wenn also medizinische Probleme auftauchen, hilft Erzengel Gabriel Mutter und Kind, ruhig, zentriert und gesund zu bleiben.

Ich kann mir kaum vorstellen, wie entsetzt Nelly Coneway gewesen sein muss, als es während der Geburt ihres

Kindes zu Komplikationen kam, die beinahe tödlich für sie *und* ihr Baby verlaufen waren. Dem Himmel sei Dank, Erzengel Gabriel rettete beiden das Leben!

Im Laufe von Nellys Schwangerschaft gab es nichts, was sie auf die Komplikationen hätte vorbereiten können, die während der Geburt auftraten. Ihr tägliches Fitnessprogramm für Schwangere und ihre Meditationen halfen ihr, aktiv und glücklich zu sein – bis sie am frühen Morgen des 29. April 1991 fühlte, wie die Wehen begannen. Trotz des kalten, regnerischen Wetters und des dichten Nebels, der über der Stadt hing, fühlte sie eine Art Zauber in der Luft. Irgendetwas sagte ihr, dass sie ein Wunder erwarten sollte.

Nach Stunden voller Schmerzen im Krankenhaus gab es immer noch kein Zeichen, dass Nellys Baby bald kommen würde. Als die Ärzte sie untersuchten, konnte sie von ihren Gesichtern ablesen, dass irgendetwas beängstigend falsch lief, doch waren ihre Schmerzen so unerträglich, dass sie wegdriftete.

Nelly erinnert sich:

»Es fühlte sich an wie ein Traum, und ich hörte sie sagen: ›Wir verlieren sie beide. Die Nabelschnur hat sich um den Hals des Babys gewickelt. Wo sind die Geburtszangen?!?‹

Das Letzte, an das ich mich erinnere, ist, dass ich zu Mutter Maria gebetet habe, sie möge mein Baby retten. Später sah ich deutlich eine wunderschöne Frau in Weiß, die mich aufweckte. Sie schwebte über mir, und Strahlen goldenen Lichts erhellten den Raum, ein starker Kontrast zu der Dunkelheit draußen. Die Liebe, die von ihr ausstrahlte, war überwältigend, und ich verschmolz voller Dankbarkeit mit ihrer kupferfarbenen Aura. Sie lächelte mich an und sagte: ›Ich gratuliere dir, du hast einen süßen kleinen Jungen geboren. Er ist gesund und wird dir und der Welt viel Segen bringen.‹

Ich wusste, dass diese Erscheinung ein Engel war, von Gott gesandt, um mir zu versichern, dass mein

Baby gesund war. Ich war so glücklich darüber, ihn bald in den Armen zu halten. Dann sah ich eine klare Vision von Erzengel Gabriel, und auch er bestätigte mir, dass mein Baby okay sein würde.

Minuten später kam eine Ärztin herein und sagte mir, dass ich einen Sohn hatte. Ohne nachzudenken, erwiderte ich: ›Ja, ich weiß.‹

Sie schaute mich verblüfft an, bevor sie fort-fuhr: ›Der Kleine ist zur Beobachtung im Brutkas-ten, weil er Schwierigkeiten mit dem Atmen hat. Er muss noch zwei Wochen hierbleiben. Er hat großes Glück, dass er überlebt hat!‹

Mein Sohn hatte um 11.11 Uhr das Licht der Welt erblickt. Ich betete weiterhin für seine Ge-sundheit und ging jeden Tag ins Krankenhaus, um ihn zu sehen und seinen kleinen Körper zu be-trachten, während ich ihm all meine Liebe und Ge-bete für perfekte Gesundheit und Kraft schickte.«

Dieses Erlebnis erinnerte Nelly an die Geschichte ihrer ei-genen Geburt. Sie war zwei Monate zu früh auf die Welt gekommen. Niemand hatte geglaubt, dass sie überleben würde, doch sie überraschte jeden mit ihrem ungeheuer starken Lebenswillen. Und jetzt war es ihr Sohn, der eine wichtige Lektion auf der irdischen Ebene lernte.

»Du bist stark, du bist gesund«, sagte Nelly ihm immer wieder. Dies, und auch der Gedanke, dass der liebevolle En-gel Gabriel bei ihm war, half ihr, darauf zu vertrauen, dass ihr Sohn es schaffen würde. Jeden Morgen und jeden Abend ging Nelly in die kleine Kapelle des Krankenhauses, die nach dem heiligen Georg benannt war – und dann ge-schah ein Wunder. Ein paar Tage später sagte die Ärztin ihr, dass es ihrem Sohn gut ging und sie ihn mit nach Hause nehmen konnte. Es war der 6. Mai 1991 – Sankt-Georg-Tag.

Nelly erzählt: »Dank der Hilfe Gottes und der Engel war mein Sohn komplett geheilt und ist heute ein fröhlicher, kluger und starker junger Mann. Ich werde nie den herrli-chen Engel vergessen, der mich damals in seine Schwingen

eingehüllt und mir die Hoffnung gegeben hat, dass alles gut sein würde. Danke, lieber Gabriel!«

Was für eine wunderbare Erfahrung sowohl für Nelly als auch für ihren Sohn! Wenn Sie ein lebensbedrohliches Trauma erfahren, kann dies entweder Ihren Glauben an Gott verstärken – oder dazu führen, dass Sie ihn verlieren, wenn Sie die Wunder und Segnungen nicht sehen, die sich hinter den Kulissen ereignen. Zum Glück entschieden Nelly und ihr Sohn, sich in ihrer flüchtigen Begegnung mit dem Tod auf die Schönheit zu fokussieren. Sie erkennen das Wunder seiner Geburt und Heilung als ein Teil der Lektionen ihrer Seelen, was sie wiederum stärker und weiser macht.

Auch bei Joanne S. Kuchenbakers Schwiegertochter stellten sich bei der Geburt ihres Kindes lebensbedrohliche Komplikationen ein. Also rief sie Gott und Erzengel Gabriel um Schutz an, und ihr Baby kam gesund zur Welt!

Joannes Schwiegertochter war ein paar Jahre zuvor schon einmal schwanger gewesen, hatte jedoch eine Fehlgeburt erlitten. Ein Jahr später war sie erneut schwanger, und da sie eine nierenförmige Gebärmutter hatte, musste sie jeden Monat zur Ultraschalluntersuchung.

Aufgrund dieser häufigen Untersuchungen kannte Joanne jede kleine Einzelheit ihres Ungeborenen, im Gegensatz zu anderen Schwiegermüttern.

Es erschreckte Joanne zum Beispiel, Dinge zu hören wie »Die Nabelschnur hat sich um den Hals des Babys gewickelt« oder »Das Baby liegt falsch, und wenn es in dieser Position bleibt, ist die Möglichkeit groß, dass es stirbt«. Aufgrund dieser Gegebenheiten war die Schwangerschaft für die ganze Familie mit Ängsten verbunden, und Joanne betete unaufhörlich für ihren Sohn und seine Frau.

Sie erinnert sich:

>»Eines Tages betete ich wieder und schaute dabei auf den kleinen Hocker vor mir. Darauf lag eine Broschüre mit dem Titel *Inspirationen,* die ich am Morgen im Briefkasten gefunden hatte. Ich nahm die Broschüre und las einen Artikel über Engel und wie Erzengel Gabriel werdende Mütter und ihre Schwangerschaften beschützt. Ich bat Gott und Gabriel um eine komplikationsfreie Schwangerschaft und Geburt sowie um ein perfektes Baby für meinen Sohn und seine Frau.

> Nun, alles, wofür ich gebetet hatte, trat ein. Nach der Geburt machte die Krankenschwester ein Foto des Neugeborenen. Im nächsten Moment rief sie aus: ›Da ist ein Engel auf dem Foto!‹ Und tatsächlich – da war deutlich ein Engel mit gelblich grünen Flügeln zu sehen, der das Gesicht des Babys küsste. Ich weiß ohne den geringsten Zweifel, dass Erzengel Gabriel in dem Moment bei meiner kleinen Enkelin war, als ich um seine Hilfe gebeten hatte, und dass er während des gesamten Geburtsvorgangs an ihrer Seite blieb.«

Vom Tag ihrer Geburt an schien Riley, Joannes Enkeltochter, ein außerordentliches Baby zu sein. Joanne hatte zufällig ein Buch über Kristallkinder gelesen, und die Beschreibung passte genau auf Riley. Außerdem ging Joanne zu einer Engel-Therapeutin, die – als sie das Foto von ihrer Geburt sah – bemerkte: »Sie ist ein Kristallkind, auf die

Welt gekommen mithilfe eines Engels.« Joanne weiß, dass dieser Engel Gabriel war.

Joannes Geschichte zeigt, dass Sie sich auch im Namen einer anderen Person an Erzengel Gabriel wenden können. Solange dieser Mensch offen dafür ist, himmlische Hilfe anzunehmen (da Engel niemals Entscheidungen des freien Willens unterwandern würden), wird Gabriel im gleichen Moment bei dem oder der Betreffenden sein.

✻   ✻

Erzengel Gabriel überwacht Schwangerschaften und gibt Müttern klare und unmissverständliche Führung, um die Gesundheit von Mutter und Kind zu gewährleisten. Emilie Jones empfing während ihrer Schwangerschaft diese Form der Hilfe von Gabriel. Da Gott und die Engel unseren freien Willen respektieren, werden sie uns niemals ihre Führung aufdrängen. Alles, was sie tun können, ist, uns ihren Beistand anzubieten und zu hoffen, dass wir hinhören und aktiv werden, so wie Emilie es getan hat.

Als Emilie mit ihrem dritten Kind schwanger war, erhielt sie einen unvergesslichen Besuch von Erzengel Gabriel. Sie sah und hörte, wie der Erzengel ihr sagte, sie solle sofort ins Krankenhaus fahren. Der Erzengel sagte buchstäblich und unüberhörbar: »Fahr sofort los!«

Emilie hörte auf diese Botschaft und fuhr umgehend ins Krankenhaus, wo sich bei der Untersuchung herausstellte, dass der Puls ihres Babys gefährlich niedrig war. Ihr Arzt entschied sich für einen sofortigen Kaiserschnitt, um das Leben des Babys zu retten. Emilie rief Gabriel um Hilfe und hörte, wie der Erzengel ihr ruhig zuflüsterte: »Hab keine Angst. Alles wird gut gehen.«

Der Arzt sagte, dass die Zeit nicht reichte, um die Wirkung einer Epiduralanästhesie abzuwarten, also gab er ihr eine Totalnarkose. Als sie wieder aufwachte, hatte sie einen gesunden kleinen Sohn im Arm!

Zehn Monate später erschien Erzengel Gabriel der dankbaren Mutter erneut. Sie stand gerade unter der Dusche (ein

Ort, an dem viele Menschen Inspiration empfangen, was auf die Eigenschaft von Wasser zurückzuführen ist, uns spirituell empfänglich zu machen), als Emilie die klar erkennbare Stimme von Gabriel hörte, der sagte: »Du wirst wieder schwanger werden.«

Emilie japste und protestierte: »Das kann nicht sein! Ich nehme regelmäßig eine geringe Dosis Progesteron, und außerdem stille ich noch mein Baby.« Doch dann erkannte

Emilie, dass sie mit einem Engel argumentierte, und sagte: »Falls ich schwanger bin, werde ich das mit Liebe und Dankbarkeit würdigen. Doch darüber hinaus brauche ich Hilfe, da ich Progesteron genommen habe und noch stille.«

Und tatsächlich – Emilies Schwangerschaftstest war positiv. Sie hatte sich schon immer vier Kinder gewünscht, und bei den Engelszahlen bedeutet die Vier: »Die Engel sind bei dir!« Emilie musste lachen bei dem Gedanken, dass die himmlischen Kräfte viel machtvoller sind als jede Empfängnisverhütung!

Da Emilie Progesteron genommen hatte, machte der Arzt eine Blutuntersuchung und sagte ihr, dass sie das Baby unter Umständen nicht würde austragen können. Emilie betete jeden Tag um eine gesunde Schwangerschaft und Geburt und hörte, wie Gabriel ihr versicherte, dass sie nach einer normal verlaufenden Schwangerschaft ein vollkommen gesundes Baby bekommen würde, ganz ohne Kaiserschnitt. Und genau so war es!

Heute sorgen Emilie und ihr Mann gemeinsam mit den Engeln für das Wohl ihrer zauberhaften Kinder und lassen sich bei der Erziehung von Erzengel Gabriel beraten. Zudem ist Emilie heute Engel-Therapeutin und hilft so anderen, sich ebenfalls mit Gabriel zu verbinden.

Ich werde immer wieder gefragt, warum manche Menschen so wie Emilie offensichtlich Gottes Hilfe erfahren, während es scheint, als würden andere ignoriert. Ich bin davon überzeugt, dass Gott versucht, jedem zu helfen, doch manchmal hören, glauben oder folgen die Menschen nicht den göttlichen Warnungen, die ihnen durch die Engel weitergegeben werden. Daher ist es so wichtig, einen klaren und nüchternen Geist zu bewahren, da jede Art von Rausch den Geist vernebelt und Sie daran hindern kann, die Führung Ihrer Engel zu hören.

Genauso wichtig ist es, Vertrauen in Gottes Führung zu haben, selbst wenn sie unlogisch oder unvernünftig erscheint. Sie können Gott und die Engel immer um zusätzliche Zeichen und Bestätigung bitten, wenn Sie nicht sicher sind, dass die Führung, die Sie empfangen haben, gültig ist.

Doch in Fällen wie dem von Emilie ist es häufig so, dass die Zeit drängt. Zum Glück folgte sie sofort der Anweisung von Erzengel Gabriel, ins Krankenhaus zu fahren!

Krankenschwestern und Engel

Menschen, die helfen, Babys auf die Welt zu bringen, arbeiten oft mit Engeln zusammen. Zum Beispiel hat Lisa Bolton, eine Hebamme, Erzengel Gabriel schon oft gebeten, ihr bei schwierigen Geburten zu helfen. Es scheint, als würde der Engel Schwestern, Hebammen und Ärzte anleiten, die richtigen Entscheidungen zu treffen.

Lisa sagte: »Ich fühle, dass meine Gebete jedes Mal beantwortet werden, wenn ich um Hilfe bitte. Kürzlich erst habe ich für eine Frau gebetet, die während der Geburt so viel Blut verlor, dass ich Angst hatte, sie würde sterben. Wunderbarerweise hörte das Bluten für kurze Zeit auf, was es den Ärzten und Schwestern ermöglichte, sie rechtzeitig zu operieren. Es gelang uns, die Blutung zu stoppen, und ein paar Tage später konnte die Frau mit ihrem gesunden Baby nach Hause gehen!«

Im Laufe der Jahre habe ich viele solche Geschichten von Krankenschwestern und anderem Pflegepersonal gehört, die mit ihren Gebeten die Engel um Hilfe bitten. Wenn ich ins Krankenhaus müsste, würde ich auch definitiv lieber von jemandem betreut werden, der betet – geht es Ihnen nicht ebenso?

🙏 🙏

Eine andere Krankenschwester mit Namen Audrey erzählte mir, wie die Zusammenarbeit mit Erzengel Gabriel ihr half, mehr Patienten in die Praxis für Geburtshilfe zu bringen, wo sie arbeitete!

Audrey ist staatlich geprüfte Krankenschwester, und sie machte sich Sorgen, weil die Zahl der Patienten drastisch zurückgegangen war. Die Buchhalterin der Praxis stellte fest, dass sie in den 15 Jahren, die sie dort arbeitete, noch nie einen solchen Rückgang an Patienten erlebt hatte.

Alle Mitarbeiter fürchteten, ihren Job zu verlieren und ihre Familien nicht mehr versorgen zu können, also bat Audrey jeden Morgen auf dem Weg zur Arbeit Erzengel Gabriel, ihr neue Patienten zu schicken und die Praxis zu segnen. Ein paar Wochen später sagte ihr eine Kollegin, die für Patiententermine zuständig war, dass die Praxis für die nächsten Wochen komplett ausgebucht war (was sich auch im darauffolgenden Jahr nicht änderte).

Audrey sagt dazu:

>Weil Gabriel uns wunderbarerweise so viel mehr Patienten geschickt hatte, beschloss ich, den Erzengel zu bitten, er möge einigen unserer unfruchtbaren Patientinnen helfen. Jeden Morgen auf dem Weg zur Arbeit dankte ich Gabriel dafür, dass er meine Bitte erhört hatte. Eine Frau war Anfang vierzig zum Beispiel, sie hatte jahrelang verschiedene Möglichkeiten ausprobiert,

um schwanger zu werden, allerdings ohne Erfolg. Doch kurz bevor sie und ihr Mann einen Adoptionsantrag ausfüllten, erfuhr sie, dass sie ein Kind erwartete, und heute hat sie einen gesunden kleinen Sohn.

Eine andere Frau hatte bereits mehrere Fehlgeburten erlitten, doch dann wurde sie Mutter einer gesunden Tochter. Und wieder eine andere konnte nicht glauben, dass sie ohne Fruchtbarkeitsmedikamente schwanger werden konnte, die sie in der Vergangenheit immer benötigt hatte. Ich danke Erzengel Gabriel für diese Wunder!«

Hebammen, Ärzte, Krankenschwestern und andere Heiler, die im Bereich Empfängnis und Schwangerschaft tätig sind, können Audreys Beispiel folgen und Erzengel Gabriel bitten, ihnen bei der Sorge um ihre Klienten und Patienten zu helfen.

Spirituelle Heilung von Unfruchtbarkeit

In Anbetracht der zunehmenden Fälle von Sterilität und Unfruchtbarkeit kann Erzengel Gabriel Eltern helfen, die sich verzweifelt ein Kind wünschen. Ich habe erlebt, wie Gabriel zukünftigen Adoptiveltern zu einer erfolgreichen Adoption verholfen hat. Außerdem habe ich gesehen, wie Menschen Fruchtbarkeitsprobleme überwunden und erfolgreich empfangen haben, indem sie sich an Gott und die Engel wandten. Dazu gehört auch meine eigene Geburt.

Meine Eltern waren schon sieben Jahre verheiratet und wünschten sich sehnlichst ein Kind, doch es klappte einfach nicht. Schließlich ging meine Mutter in die nahe gelegene *Unity Church* und bat um eine Fürbitte in ihrem Namen. Und zehn Monate später war sie mit mir schwanger! Ist es daher ein Wunder, wenn ich an die Macht des Gebetes glaube, da ich selbst mithilfe von Gebeten geboren wurde?

Hier ist der Brief, den meine Eltern erhielten, nachdem sie ihre Bitte um ein Gebet eingereicht hatten:

Science of Mind Church

DR. FREDERICK BAILES, DIRECTOR
128 SOUTH LA BREA AVENUE
LOS ANGELES 36, CALIFORNIA
WEBSTER 8-4177

25. September 1956

Mrs Joan Hannan
608A Mariposa
Burbank, Calif.

Sehr geehrte Mrs Hannan,

danke für Ihren Brief und den beigefügten Scheck über 5 Dollar. Dr. Bailes möchte Sie wissen lassen, dass er Ihre Bitte weitergeleitet hat. Darüber hinaus wird er Sie in die stille Meditation am Sonntag aufnehmen, bei der sich die vielzählige Gemeinde im Gebet vereinigt und dabei ihr Bewusstsein in Ihre Richtung lenkt.

Mit den allerbesten Wünschen für eine immer umfassendere Manifestation des Guten in Ihrem Leben und in Ihren Angelegenheiten, einschließlich Ihrer Lieben.

Mit besten Grüßen

Robert Cabal

Robert Cabel
Schriftführer

Nachdem meine Eltern sieben Jahre lang erfolglos versucht hatten, ein Kind zu empfangen, reichten sie schließlich den Wunsch um eine Fürbitte ein, und kurz darauf wurde meine Mutter schwanger mit mir.

In meinem Buch *Medizin der Engel* gebe ich die Geschichte einer Frau namens Leisa Machado wieder, die ihre Unfruchtbarkeit mithilfe der Erzengel Gabriel und Michael erfolgreich überwand.

Ich lernte Leisa bei einem meiner Seminare in der am Ozean gelegenen Stadt Santa Cruz in Nordkalifornien kennen. Als Leisa um ein Engel-Reading bezüglich der Möglichkeit einer Schwangerschaft bat, sah ich hellsichtig in ihr Inneres – ein Prozess, der »medizinische Intuition« genannt wird. Ich war buchstäblich von Ehrfurcht ergriffen (keine Übertreibung!), als ich sah, wie rein das Innere dieser Frau war. Alle ihre Organe sahen so sauber aus wie ein OP-Saal. Auch ihre Chakras waren makellos, und sie leuchtete von innen heraus. Weder vorher noch danach habe ich jemals einen so sauberen inneren Körper gesehen!

Leisa sagte mir, dass sie ausschließlich Biokost zu sich nahm, alle chemischen Stoffe vermied und nur destilliertes Wasser trank, weil sie das Gefühl hatte, dass jedes andere Wasser potenziell schädliche Mikroben aufwies. Ich freute mich, das zu hören, weil bewiesen ist, dass GMOs (gentechnisch modifizierte Organismen), Gentechnik und hoch technisierte Landwirtschaft zu Sterilität führen. Nahrungsmittel aus kontrolliert-biologischem Anbau sind die einzige Möglichkeit, diese gentechnisch behandelten Toxine zu vermeiden, vor allem in den USA und Kanada, wo GMOs und Gentechnik nicht reguliert sind.

Leisa erklärte, dass sie und ihr Mann sich ein Baby wünschten und sie es daher für das Beste hielt, ihren Körper so gut wie möglich vorzubereiten. Dennoch hatte sie Schwierigkeiten, schwanger zu werden. Sie hatte bereits drei Eileiterschwangerschaften, eine Fehlgeburt und den fehlgeschlagenen Versuch einer In-vitro-Befruchtung hinter sich. Nachdem sie sechs Jahre lang versucht hatte, schwanger zu werden, machte Leisa sich Sorgen, weil sie schließlich immer älter wurde, aber noch keine Mutter war. Das war der Moment, wo sie sich für eine ganzheitliche Herangehensweise entschied, um ein Kind zu empfangen. Leisa begab sich auf einen spirituellen Weg, und dazu gehörte, dass sie regelmäßig betete, nur biodynamische Kost zu sich nahm und eine positive Denkweise entwickelte.

Kurz nachdem sie mit diesem Prozess begonnen hatte, nahm sie an meinem Seminar teil. Bei dem Reading sah ich, dass Leisa erfolgreich empfangen und ein Kind haben würde, doch nicht sofort, sondern erst zwei Jahre später. Diese Neuigkeit gefiel Leisa nicht – sie wollte früher ein Kind. Also bat ich die Engel um eine Botschaft, und sie sagten, dass Leisa vielleicht schneller schwanger werden könnte, wenn sie Erzengel Michael und Erzengel Gabriel um Hilfe bitten würde. Michael hilft, den energetischen Körper von den Auswirkungen der Angst zu befreien –, die jedes Ziel verzögern kann, einschließlich der Empfängnis eines Babys.

Lisa erinnert sich, was sie nach dem Seminar tat:

»Ich begann, über die Situation zu meditieren und zu beten, und fühlte mich angeleitet, nicht nur die Erzengel Michael und Gabriel um Hilfe zu bitten, sondern auch Raphael. Doreen hatte erwähnt, dass Gabriel dafür bekannt war, bei Schwangerschaften zu helfen. Michael war in der Vergangenheit immer für mich da gewesen, und ich bat Raphael, den heilenden Engel, mir zu helfen, physisch für eine Empfängnis und Schwangerschaft bereit zu sein.

Ich fing an, zweimal täglich zu meditieren, und visualisierte jeden Engel, wie er seine jeweilige spezielle Arbeit an meinem Körper und an meiner Seele vornahm, um mich auf eine Empfängnis vorzubereiten. Während einer dieser Meditationen sagten meine Engel mir, dass mein Kind eher kommen könnte als göttlich geplant, sofern ich meine Ausbildung als Kinderberaterin fortführen würde.

Die Engel rieten mir dringend, meine Ängste Gott zu übergeben, und wenn mich die Frustration packte, sagte ich zu meinen Engeln: ›Ich kann einfach nicht mehr; ihr müsst es für mich tun.‹

Schließlich bekam ich mein Wunder. Obwohl der zweite Versuch einer künstlichen Befruchtung nur bei

ungefähr 20 Prozent der Fälle erfolgreich ist, hat es bei mir funktioniert. Endlich war ich mit einem gesunden Embryo schwanger! Und dafür danke ich den Engeln von Herzen und bin mir sicher, dass es nie so weit gekommen wäre, wenn ich mich nicht daran erinnert hätte, sie kontinuierlich um Hilfe zu bitten.

Zum Glück lernte ich diese Lektion rechtzeitig, denn ich brauchte während der ganzen Schwangerschaft immer wieder die Hilfe der Engel. Während der ersten Wochen setzten plötzlich Blutungen ein. Mein Arzt verschrieb mir absolute Bettruhe, und jeden Tag bat ich meine drei speziellen Erzengel (Gabriel, Michael und Raphael), aktiv zu werden. Ich konnte (und kann bis heute) jeden von ihnen in der Nähe einer bestimmten Seite meines Körpers fühlen, was mir stets ein Gefühl des Friedens vermittelt.

Nach ein paar Wochen wurde mir erlaubt aufzustehen. Mein zweites Trimester war problemlos, doch in der 31. Woche begannen die Wehen. Im Krankenhaus fühlte ich eine wunderbare Energie von Liebe und Heilung. Die Engel sagten mir, dass dieses Baby eine reine Seele sei und dass es wichtig für es war, dass ich innerlich so rein wie möglich blieb, um seine Ankunft in der Welt gebührend würdigen zu können.

Wieder wurde ich daran erinnert, mich hinzugeben und »ihn loszulassen«. Diese Wortwahl war ungewöhnlich und erschreckte mich sehr. Ich hatte furchtbare Angst, sie könnte vielleicht bedeuten, dass ich mein Baby verlieren würde. Ich lernte noch einmal, dass ich den Versuch aufgeben musste, selbst an ihm festzuhalten. In der 34. Woche gebar ich Jaren, einen kräftigen und gesunden Buben, den wir nach dem hebräischen Wort für »Aufschrei der Freude« benannten. Er war ein Frühchen, konnte aber ohne fremde Hilfe atmen, und alle seine Sinne reagierten einwandfrei.«

Doch Jaren war noch nicht aus dem Gröbsten heraus. Ungefähr acht Stunden nach seiner Geburt verschlechterte sich sein Zustand: Er hörte auf zu atmen und fiel ins Koma. Die Ärzte konnten nicht herausfinden, was mit ihm los war. In ihrer Trauer und Panik wandte Leisa sich an ihre Engel. Sie dachte: »*Das darf einfach nicht sein! Sie haben mich durch jeden Schritt der Schwangerschaft geführt, und ich habe mich an alles gehalten! Ich kann ihn jetzt nicht verlieren!*«

Während sie verzweifelt in ihrem Krankenhausbett schluchzte, fühlte Leisa eine sanfte Präsenz, die sie mit einem Gefühl der Wärme und Liebe beruhigte. Leisa und ihr Mann sandten eine Bitte um Gebete hinaus in die Welt. Sie riefen Freunde an, die wiederum anderen Freunden eine E-Mail schickten. Und schon bald spürte Leisa, wie ihnen unzählige Gebete plus eine Fülle von Reiki-Energie und himmlischer Unterstützung gesandt wurden, um ihnen zu helfen. Leisa sagte: »Ich konnte Jaren tatsächlich sehen, wie er von Schichten von Engeln umgeben war! Manchmal sah ich, wie seine Seele mit ihnen nach oben schwebte, doch sein Körper blieb immer auf der Erde. Zwei Tage später war er zur großen Verblüffung der Ärzte geheilt. Und nur anderthalb Wochen später nahmen mein Mann und ich unser kleines Wunder mit zu uns nach Hause, wo er hingehört.«

Leisas Geschichte erinnert uns daran, wie wichtig es ist, kontinuierlich mit Gott und unseren Engeln zu reden und dann der göttlichen Führung zu folgen. Ein wichtiger Teil von Leisas Erfahrung bestand in ihrer Bereitschaft loszulassen, auch wenn es nicht immer leicht für sie war. Viele Male hatte sie die Engel bitten müssen, ihr zu helfen, da sie sich so sehr eine Schwangerschaft wünschte.

Ihre Geschichte illustriert das Prinzip von Hingabe und Loslassen. Obgleich Leisa den kristallklaren Wunsch nach einem Baby hatte, war sie dennoch bereit, den notwendigen Glauben aufzubringen, um diesen Wunsch loszulassen und der göttlichen Ordnung rückhaltlos zu vertrauen. Im Laufe der Jahre habe ich immer mal wieder von Leisa gehört, und sowohl ihr als auch Jaren geht es ausgezeichnet!

🦌　🦌

Auch nach der Geburt hilft Erzengel Gabriel weiterhin Kindern und ihren Familien, wie Sie im nächsten Kapitel lesen werden.

🦌　🦌　🦌

Kapitel Zwei

ERZIEHUNG
UND KINDHEIT

Erzengel Gabriel hilft Eltern nicht nur bei Empfängnis, Schwangerschaft und Geburt – er kümmert sich auch um Kinder und begleitet sie zusammen mit den Eltern durch jeden Aspekt ihres jungen Lebens. Im Laufe der Jahre habe ich mit unzähligen Müttern und Vätern gesprochen, die Gabriel in Fällen von Geschwisterrivalität um Führung gebeten haben – oder bei Entwicklungsstörungen, Fragen der Kinderbetreuung, Schulbildung sowie bei Unsicherheit bezüglich Impfungen und anderer Medikamente.

Es heißt, dass die Gebete der Eltern für ihre Kinder im Himmel als Erstes beantwortet werden. Tatsächlich können – und werden – Gott, Jesus, Mutter Maria und Erzengel Gabriel *alles* tun, um die Gesundheit und das Wohlergehen Ihrer Familie zu sichern. Das Einzige, was Sie dazu beitragen müssen, ist, um Hilfe zu bitten und dann aufmerksam auf die Führung zu achten, die in Form von Gefühlen, Intuition, inspirierten Ideen und Zeichen zu Ihnen kommt.

So wie alle Engel folgt auch Gabriel Gottes Willen für uns. Der Erzengel weiß, wie er uns auf eine Weise helfen kann, die alle unsere Erwartungen übersteigt. Das ist der Grund, warum es so wichtig ist, um seine Hilfe zu bitten, ohne zu spezifizieren, wie wir uns diese Hilfe vorstellen, da Gottes Lösung immer kreativ, friedlich, harmonisch und ein Segen für alle Beteiligten ist. Wenn wir den himmlischen Kräften unsere eigenen Ideen darüber aufzudrängen versuchen, wie unsere Gebete beantwortet werden sollen, kann es passieren, dass wir einen Engel nicht wahrnehmen, der uns in eine bessere Richtung weist.

Süße Träume

Die nächtliche Schlafenszeit ist in vielen Familien, in denen Kinder unter Schlaflosigkeit, Albträumen und Schlafstörungen leiden, alles andere als erholsam. Forscher schätzen, dass 30 bis 40 % aller Kinder nicht genügend Schlaf bekommen, und es ist erwiesen, dass Schlaflosigkeit bei Kindern zu Lern- und Verhaltensstörungen führen kann.

Wenn Kinder nicht schlafen können, bedeutet dies in der Regel auch für die gestressten Eltern eine schlaflose Nacht. Zum Glück können Sie Erzengel Gabriel bitten, Ihnen bei allen Aspekten der Gesundheit Ihres Kindes zu helfen, einschließlich der Garantie ungestörter Nachtruhe, wie eine Frau namens Angela Track entdeckte.

Sie erzählte mir:

»Ich habe eine enge Beziehung zu Erzengel Gabriel entwickelt, nachdem mein Baby eine Zeit lang jede Nacht im Durchschnitt sieben Mal aufwachte. Ich erinnere mich, wie ich irgendwann nicht mehr konnte und Erzengel Gabriel um Hilfe, Trost und Schlaf für meinen Sohn anflehte. Daraufhin schlief Nate acht Stunden durch! Seither wacht er nur noch zwei Mal nachts auf. Bevor ich ins Bett gehe, bitte ich Erzengel Gabriel, bei uns zu bleiben und weiterhin dafür zu sorgen, dass Nate tief und friedlich schläft.

Ich danke Gott und Erzengel Gabriel für ihren Segen, ihre Liebe und Unterstützung.«

Erzengel Gabriel ist ein fürsorglicher Engel, der für Frieden in den Seelen und Körpern von Kindern sorgt. Sensitive Erwachsene können die Präsenz Gabriels fühlen und hören, und manche – wie zum Beispiel eine Mutter mit Namen Lorna* – können den Erzengel auch mit eigenen Augen sehen.

Lorna ist eine 33jährige Vollzeitmutter für ihre drei Kinder. Eines Abends trug sie ihre zweijährige Tochter Sarah* ins Schlafzimmer, um sie zu stillen. Obwohl kein Licht brannte, sah Lorna den Schatten der Silhouette von Engelsflügeln auf der Wand neben ihrem Bett. Zwar war sie über-

rascht, fühlte sich jedoch glücklich und sicher. Sie setzte sich hin, um Sarah zu stillen, und bemerkte dann, dass ihre Tochter von einem intensiven Orange umgeben war. Lorna empfand ein tiefes Gefühl von Frieden und entspannte sich noch weiter.

In dem Moment hörte Lorna eine Stimme, die ihr sagte, dass Sarah ein ganz besonderes und sensitives kleines Mädchen war und dass der Engel, der gerade das Wort an sie richtete, helfen würde, Lorna bei der Erziehung ihrer Tochter zu führen.

---

* Lorna bat mich, ihren Namen und den ihrer Tochter für dieses Buch zu ändern, weil sie sich bewusst ist, dass ihre Geschichte so ungewöhnlich klingt, dass andere sie bezweifeln könnten. Doch *sie* weiß, dass sie die Flügel und das orangefarbene Leuchten wirklich sah und dass sie den Namen des Engels hörte. (Im Laufe dieses Buches habe ich Namen, die auf Wunsch des Betreffenden verändert wurden mit einem Sternchen markiert.)

Das Erlebnis erschien Lorna als etwas ganz Natürliches, Reales und Wundervolles. Als sie um den Namen des Engels bat, hörte sie: »Gabriel, Gabriel.« Ein paar Minuten lang saß Lorna mit ihrer Tochter im Arm ergriffen da und merkte dann, wie das orangefarbene Licht sanft über Sarahs Gesichtchen leuchtete.

Später las Lorna mein Buch *Alles über Erzengel* und war verblüfft zu erfahren, dass Gabriels Energiefarbe Kupfer ist (sehr ähnlich dem orangefarbenen Schimmer, den sie gesehen hatte) und dass dieser Erzengel bei der Erziehung von Kindern hilft. Lorna sagt: »Ich habe das Gefühl, dass meine drei Kinder und ich wirklich gesegnet sind, und ich freue mich auf weitere Zusammenarbeit mit den Engeln, um optimal für meine Kinder sorgen zu können, und in allen anderen Aspekten unseres Lebens.«

Gottes unendlicher Vorrat

Kindererziehung ist keine leichte Aufgabe, auch wenn sie mit wundervollen Belohnungen einhergeht. Doch wenn das Geld knapp ist, kann das Aufziehen von Kindern sehr anstrengend sein. Doch egal wie die ökonomische Situation auf der Welt aussieht, Gott und die Engel werden dafür sorgen, dass die Bedürfnisse Ihrer Familie erfüllt werden.

Die nächste berührende Geschichte eines 21-jährigen Mannes namens Crystal Sven Kabongo aus Brüssel zeigt Gabriels Macht der Manifestation.

Crystals Mutter heißt Gabrielle, und von Kindesbeinen an besaß sie die Fähigkeit, Engel und Mutter Maria zu sehen und mit ihnen zu reden. Ihren kleinen Sohn lehrte sie diese Fähigkeit ebenfalls.

Als Crystal in der Highschool war, kündigte sein Lehrer eine zweiwöchige Reise in den wunderschönen Senegal an. Alle Studenten freuten sich mitzufahren, aber Crystal machte sich Sorgen darüber, ob seine Mutter es sich leisten konnte, ihn mitfahren zu lassen.

Als er seine Mutter fragte, ob er mit seinen Klassenkameraden in den Senegal fahren könnte, erwiderte sie, dass nicht genug Geld auf ihrem Konto war, sie die Mittel aber irgendwie aufbringen würde. Sie sagte ihrem Sohn: »Ich werde einfach meinen Erzengel fragen, Erzengel Gabriel, und ich weiß, er wird mir helfen, dieses Geld aufzutreiben. Mach dir keine Sorgen und vertraue. Du wirst in den Senegal fahren!«

Crystal wollte wissen, wie der Engel das fertigbringen würde. Seine Mutter antwortete: »Hab einfach Vertrauen. Erzengel Gabriel ist wirklich machtvoll. Mach dir keine Sorgen … vertraue einfach.«

Crystal fragte sich, wie seine Mutter nur so sicher sein konnte, eine solch große Summe Geld zu bekommen. Doch tatsächlich, zwei Monate später flatterte ein unerwarteter Scheck ins Haus! Es war Geld, das Crystals Mutter einem Freund geliehen und völlig vergessen hatte.

Crystal sagt: »Ich weiß, dass Erzengel Gabriel schon immer diese subtile Verbindung zu meiner Mutter hatte und ihr jeden Tag hilft. Das ist der Grund, warum ich so gerne mehr über Engel und Erzengel lerne.«

Genauso wie Jesus uns die Macht des Glaubens lehrte, zeigte auch Crystals Mutter, dass unerschütterlicher Glaube Wunder vollbringt.

Natürlich, wenn Sie Angst haben, ist es nicht immer leicht, so wie Crystals Mutter zuversichtlich und zentriert zu bleiben. Stress führt dazu, dass Sie schneller atmen, blockiert Ihre kreativen Einsichten und verdunkelt Ihre Stimmung und Perspektive. Das ist der Moment, wo die Engel wieder Licht in Ihr Leben bringen können, wenn Sie sie um ihre Hilfe bitten.

Zum Beispiel machte sich eine Frau namens Cherilyn Sorgen um ihre Finanzen. Sie fragte sich, wie sie ihre Rechnungen bezahlen könnte und dann noch genug Geld übrig haben würde, um sich und ihre Kinder zu ernähren. Sie begann, innerlich die Namen von drei Erzengeln zu wiederholen: »Gabriel, Michael, Raphael.«

Schon im nächsten Moment hörte Cherilyn eine sanfte männliche Stimme in ihrem rechten Ohr, die sagte: »Hör auf, dir Sorgen zu machen, Cheri. Alles wird gut. Hab keine Angst.«

Sofort fühlte sich Cherilyn ruhig, und in dieser Nacht schlief sie gut. Sie sagt: »Beim Aufwachen sah ich, dass es ein wunderbarer Tag war, und schließlich kehrte sich alles zum Besten.«

Natürlich tat es das! Das Leben wird immer eine positive Wendung nehmen, wenn es sich in manchen Momenten vielleicht auch nicht so anfühlt. Wenn wir um göttliche

Intervention bitten, ist es so, als würden wir ein Team von Helfern bestellen, das uns hilft, Lasten auf uns zu nehmen und Lösungen zu finden.

Angst und Sorgen sind niemals hilfreich, doch Gebete helfen jedes Mal.

🐦 🐦 🐦

Kapitel Drei

VISIONEN VON GABRIEL

Auch heute noch, 2000 Jahre nachdem die Propheten Daniel und Zacharias sowie Mutter Maria Gabriel gesehen haben, begegnen viele Menschen diesem machtvollen Botenengel. Ich habe überall auf der Welt mit Menschen gesprochen, die Visionen und Träume von Gabriel hatten. Einige von ihnen sahen Gabriel spontan, und anderen erschien er nach Gebeten um Hilfe.

Personen, die diese sehr persönlichen Geschichten teilen, suchen weder Aufmerksamkeit noch andere weltliche Belohnungen. Stattdessen sind sie von Ehrfurcht ergriffen angesichts der Erfahrung und Gott zutiefst dankbar. Viele empfinden ein Gefühl der Demut und fragen sich: *Warum sollte Erzengel Gabriel mich besuchen?*

Wenn wir uns daran erinnern, dass die Engel grenzenlose Wesen sind, die gleichzeitig bei jedem sein können, der sie um ihre Hilfe bittet, ist es nicht sonderbar oder verwunderlich, dass »normale Menschen« Visitationen erleben. Schließlich sind wir *alle* in Gottes Augen außergewöhnlich!

In diesem Kapitel werden wir uns näher mit den Erfahrungen von Menschen beschäftigen, deren Leben aufgrund ihrer Real- und Traumbegegnungen mit Erzengel Gabriel auf wundersame Weise verändert wurde.

Physische Begegnungen mit Engeln

»Der Gastfreundschaft vergesset nicht, denn durch dieselbe haben etliche ohne ihr Wissen Engel beherbergt.«

Diese Worte aus dem Brief an die Hebräer im Neuen Testament sind mir häufig durch den Kopf gegangen, da ich in den letzten Jahren immer mehr Menschen getroffen

habe, die physische Begegnungen mit Engeln in menschlicher Form hatten. Viele dieser Geschichten finden Sie auch in meiner wöchentlichen Kolumne in der Zeitschrift *Woman's World*.

Die Begegnungen haben meistens mit Personen zu tun, die in Gefahr sind, sich extreme Sorgen machen oder das Gefühl haben, in ihrem Leben in eine Sackgasse geraten zu sein. Und plötzlich erscheint ein Fremder, der wie ein normaler Mann oder eine normale Frau aussieht, abgesehen von seinem oder ihrem ungewöhnlichen Aufzug (entweder feierliche oder zerrissene Kleidung) und Augen wie aus einer anderen Welt. Diese Geschöpfe haben weder Schwingen noch einen Heiligenschein, dennoch *sind* sie Gottes reine Engel in menschlicher Form.

Ein solcher Fremder weiß um persönliche Details, wie zum Beispiel den Namen des Betreffenden oder den Grund für seine oder ihre Not, und hält tröstende Worte bereit, wie beispielsweise: »Hab keine Angst, alles wird gut werden.« Oder er oder sie bietet physische Hilfe an – zum Beispiel indem er mit übermenschlichen Kräften ein Auto herauszieht, das im Schnee feststeckt.

Zuweilen gibt der Fremde eine Visitenkarte oder Ähnliches, doch später stellt man fest, dass es keine solche Adresse oder Telefonnummer gibt. Oder falls der hilfreiche Fremde ein Rettungsfahrzeug hat (inkarnierte Engel kommen manchmal mit einem Abschleppwagen, Notarztwagen, Bus oder anderen Fahrzeugen), hat das betreffende Unternehmen keine Kenntnis von diesem Angestellten.

All diese Geschichten enden auf die gleiche Weise: Jedes Mal verschwindet der hilfsbereite Fremde auf mysteriöse Weise zusammen mit dem Fahrzeug. In vielen dieser Geschichten, die mir zugeschickt werden, identifiziert der freundliche Helfer sich als »Michael«.

Die Menschen, denen ich diese Geschichten verdanke, haben, soweit ich herausfinden konnte, keinerlei Hintergedanken. Sie versuchen nicht, irgendjemanden zu überzeugen oder zu bekehren, und weder profitieren sie von dem Erlebnis noch haben sie ein damit assoziiertes Produkt, das sie verkaufen wollen. Sie erzählen einfach nur die Geschichte und wissen für sich, dass sie wahr ist: Sie sind einem Engel begegnet, und diese Begegnung hat ihnen auf wundersame Weise geholfen.

Interessanterweise wird die ursprüngliche Geschichte von Erzengel Raphael im nicht kanonischen Buch von Tobit erwähnt, wo von einem hilfreichen Fremden die Rede ist, der sich später als Raphael identifizierte. Ich treffe jedoch selten Menschen, die physische Begegnungen mit Erzengel Gabriel oder irgendeinem der anderen Erzengel in menschlicher Form hatten, so wie es in dieser Geschichte beschrieben ist, die mir eine Frau namens Roxanne Veillet erzählt hat.

Im Alter von 16 Jahren machte Roxanne einen Spaziergang, der ihr Leben veränderte. Sie lebte damals in der Nähe eines Flusses, an dessen Ufer sie oft spazieren ging, um hin und wieder alleine sein zu können, was ihr ein großes Bedürfnis war. An einem bestimmten Tag fühlte sie sich besonders stark zu diesem Fluss hingezogen. Das Gefühl war so intensiv, dass sie es nicht abschütteln konnte.

Zu dieser Zeit hatte sich Roxanne häufig verzweifelt und einsam gefühlt. Dieses Mal war sie gerade von ihren Eltern gerügt worden, weil sie eine Karriere als Schriftstellerin anstrebte, und dieser Mangel an Zustimmung traf sie bis ins Mark, da sie sich nicht vorstellen konnte, irgendetwas anderes zu tun. Was ihre Familie betraf, so war diese überzeugt, dass alle Schriftsteller hungerten und ihre Rechnungen nicht bezahlen konnten.

Also ging Roxanne kurz vor Sonnenuntergang hinunter zum Fluss und setzte sich eine Weile still ans Ufer, bis ihre Träumerei von einem Mann unterbrochen wurde, der plötzlich neben ihr stand. Er sagte, er sei Fotograf, Schriftsteller und Maler, und fragte sie, ob er sie im Licht der untergehenden Sonne fotografieren dürfe. Außerdem erwähnte er, dass er von seiner Kunst angenehm leben konnte.

Roxanne fühlte sich von seinen Worten geheilt, denn sie waren genau das, was sie zu diesem Zeitpunkt hören musste. Sie erzählte ihm von ihren Ängsten, so als seien sie seit Jahren befreundet, und sie empfand ihn als freundlich, wunderschön und tröstend. Roxanne wusste instinktiv, dass sie ihm vertrauen konnte. Sie sprachen über Kreativität und die Kunst im Allgemeinen, bis die Sonne hinter dem Horizont verschwand. Dann schlug ihr der Mann vor, sie nach Hause zu begleiten, weil ihre Eltern sich vielleicht Sorgen machten.

Als sie zu der Straße kamen, in der sie wohnte, schaute der Mann sie sehr ernst an und sagte: »Mein Name ist Gabriel. Solltest du mich jemals brauchen, zögere nicht, mich zu rufen. Ich bin immer bereit, zuzuhören, egal welche Zeit es ist.« Er sprach diese Worte mit großem Nachdruck.

Roxanne erinnert sich:

»Ich fragte nach seiner Telefonnummer und fügte sie den Kontakten in meinem Handy hinzu. Wir verabschiedeten uns, und er ging davon. Als ich mich umdrehte, um ihn noch einmal zu sehen, war er verschwunden. Ich dachte: ›Wie eigenartig!‹ Doch ich ging meinen Weg weiter bis zu unserem Haus, das ungefähr fünf Minuten entfernt war. Als ich es betrat, merkte ich, dass auch mein Handy verschwunden war!

In diesem Moment fühlte ich mich total anders als vorher und wusste, dass etwas Besonderes geschehen war. Als Resultat begann ich, meine Spiritualität und Kreativität zu erforschen. Mittlerweile bin ich 23 Jahre alt und fühle mich gesegnet, in so jungen Jahren Gott und die Engel entdeckt zu haben. Bis heute arbeite ich sehr eng mit Erzengel Gabriel zusammen und habe viele Zeichen empfangen, die mir sagen, dass er nie weit entfernt ist.«

Wie typisch für Erzengel Gabriel, einem Nachwuchskünstler zu helfen! Als der Engel der Kommunikation ermutigt Gabriel Schriftsteller, Dichter und andere menschliche Boten, wie Sie im nächsten Kapitel lesen werden. Sie werden sich erinnern, dass Roxanne davon sprach, sich in Gabriels Gegenwart wohl und sicher gefühlt zu haben – ein weiteres typisches Zeichen einer echten Engelsbegegnung.

In Roxannes Fall erschien Erzengel Gabriel in menschlicher Form, weil sie zu verunsichert war, um göttliche Zusicherung deutlich hören zu können.

Personen, die verzweifelt und ängstlich sind, fällt es oft schwer, die himmlischen Botschaften zu hören oder Gottes Präsenz zu fühlen. Wenn wir verunsichert oder durcheinander sind, verspannen sich unsere Muskeln. Unsere Atmung wird flach, was dazu führt, dass wir weniger empfänglich sind, die himmlischen Ermunterungen fühlen, hören und sehen zu können, die in jedem Augenblick für alle von uns verfügbar sind. Das ist der Grund, warum Gott häufig vorübergehend inkarnierte Engel schickt, um seine Botschaft klar und deutlich zu übermitteln.

Traumbegegnungen mit Gabriel

Es ist nicht ungewöhnlich, von einem Engel zu träumen, und viele solcher Träume sind tatsächliche Begegnungen und nicht Produkte des Unbewussten.

Dr. Ian Stevenson von der University of Virginia hat Tausende von »Traum-Visitationen« aufgezeichnet, in denen Menschen im Schlaf mit ihren verstorbenen Lieben oder Engeln interagiert haben. Dr. Stevenson sagt, dass der »Grad der Lebendigkeit« das Charakteristikum ist, das wahre Visitationen von einfachen Träumen unterscheidet. Visitationen gehen mit üppigen Farben, intensiven Emotionen und einem mehr als realem Gefühl einher. Wenn Sie aus einer Visitation aufwachen, bleibt Ihnen diese Erfahrung länger gegenwärtig als ein normaler Traum. Es kann passieren, dass Sie sich noch Jahre später an explizite Details dieser nächtlichen Begegnung erinnern.

Eine der einfachsten Möglichkeiten, um göttliche Führung zu empfangen (besonders wenn Sie sich gestresst oder blockiert fühlen), besteht darin, beim Einschlafen um Hilfe zu bitten. Das können Sie mit lauter Stimme tun, durch ein stilles Gebet oder sogar, indem Sie Ihre Bitte auf ein Blatt Papier schreiben, das Sie unter Ihr Kopfkissen legen.

Wenn wir schlafen, schläft auch unser skeptischer Ego-Verstand, was dem höheren Selbst die Möglichkeit gibt, offener zu sein für einen direkten Kontakt mit dem Göttlichen.

Zum Beispiel empfängt eine Frau namens Elena Covarrubias hin und wieder Botschaften und Führung von Erzengel Gabriel in ihren Träumen. Für Elena erscheint Gabriel als ein junger, sehr schlanker, dunkelhäutiger männlicher Engel.

Einmal träumte sie, dass sie mit Gabriel in ihrem Haus war und er sie bat, ihm in die Küche zu folgen, wo ihre Großmutter saß und extrem traurig aussah. Gabriel forderte Elena auf, ihre Großmutter in den Arm zu nehmen und zu trösten.

Am nächsten Morgen beim Frühstück merkte Elena, dass ihre Großmutter tatsächlich sehr traurig dreinblickte.

Also ging sie, genau wie Gabriel es ihr in der Nacht im Traum gezeigt hatte, zu ihrer Oma und umarmte sie. Elena sagt, dass sie seit diesem Traum ihrer Großmutter viel öfter zeigt, wie sehr sie sie liebt, was sie beide einander noch nähergebracht hat.

Traumbegegnungen mit Engeln, besonders mit dem Botenengel Gabriel, lassen uns wichtige Führung zuteilwerden, so wie Elena sie empfing und dadurch ihre Beziehung zu ihrer Großmutter verbessern konnte. Sie können darum bitten, im Schlaf göttliche Botschaften zu erhalten. Vielleicht erinnern Sie sich beim Aufwachen nicht genau an den Traum, doch die himmlischen Antworten werden Sie aus Ihrem Unterbewusstsein heraus führen.

🐑 🐑

Im Laufe der Jahre habe ich darüber hinaus viele Geschichten von Menschen gehört, die Antworten aus den Träumen einer anderen Person empfangen haben. Wenn wir zu gestresst sind, um Botschaften wahrzunehmen, wählen die Engel oft den alternativen Weg durch einen anderen Menschen. In der folgenden ergreifenden Geschichte war der Traum sowohl für den Mann, der ihn erlebte, als auch für seine Tochter Susan* bestimmt.

Kurz zuvor war Susan nach einer langen Krankheit verstorben. Es war ihr eine Zeit lang einigermaßen gut gegangen, also hatte niemand damit gerechnet, dass sie sterben würde, zumindest nicht so bald. Ein paar Tage vor ihrem Tod träumte Susans Vater, dass Erzengel Gabriel zu ihm gekommen war und gesagt hatte, dass er seine Tochter auf die andere Seite mitnehmen würde. Der Vater glaubte nicht an die Existenz von Engeln, doch nur wenige Tage nach diesem Traum verschlechterte sich der Zustand seiner Tochter plötzlich, und sie starb. Der diensthabende Arzt im Krankenhaus hieß – Sie haben es erraten – Doktor Gabriel!

Gabriel versuchte, den Schock zu mildern, den der Tod der Tochter für den Vater bedeuten würde, indem er ihn darauf vorbereitete. Manchmal setzen uns die Engel von Ereignissen in Kenntnis, nicht damit wir sie verhindern, sondern damit wir uns emotional darauf vorbereiten können. Und der Arzt mit dem Namen des Erzengels war ein Zeichen des Himmels, dass Susan jetzt bei den Engeln war, einschließlich Erzengel Gabriel.

Engel-Begegnungen und Nahtoderfahrungen

Was passiert mit der Seele eines Menschen nach dem Tod? Forscher haben eine Menge Informationen von Personen gesammelt, die »Nahtoderfahrungen« (NTEs) hatten, als sie klinisch tot waren und reanimiert wurden. Das NTE-Phänomen ist von Wissenschaftlern untersucht worden, von denen einige selbst eine solche Erfahrung hatten. Manche Skeptiker glauben, dass die Visionen, von denen Menschen mit Nahtoderfahrung berichten, das Produkt eines sterbenden Gehirns sind, das nicht mehr genügend Sauerstoff hat. Jedoch gibt es umfangreiches Beweismaterial, das zeigt, dass diese Erlebnisse über normale Halluzinationen hinausgehen. Zum Beispiel können sich zahllose Menschen mit NTE-Erfahrung an das erinnern, was ihre Ärzte nach dem Zeitpunkt gesagt haben, als sie für tot erklärt wurden. Andere NTE-Patienten berichteten, dass ihre Seelen nach dem Tod durch den Operationssaal oder das Krankenhaus »geflogen« sind und Gegenstände sahen, deren Realität später bestätigt wurde (zum Beispiel ein Tennisschuh auf dem Dach des Krankenhauses).

Diese Personen berichten, dass in dem Moment, wo ein Mensch auf die andere Seite hinübergeht, er oder sie von Engeln, religiösen Figuren (wie beispielsweise Jesus) und verstorbenen Lieben (einschließlich Haustieren) begrüßt wird. Diese Wesen helfen dem soeben Verstorbenen, sich

in einem neuen »Leben« in der Welt des Geistes zurechtzufinden, ohne einen physischen Körper.

Mary Ann Kipuros Mutter erlitt nach ihrer Operation im Krankenhaus einen Herzinfarkt. Später sprach sie darüber, durch einen langen Tunnel auf strahlend helle Lichter zugegangen zu sein, in denen sie ihren verstorbenen Ehemann und Hund sah, die auf sie warteten.

Dann stand Erzengel Gabriel vor ihr. Sie sagte, dass sie noch nicht bereit war, ihre Tochter und das irdische Leben zu verlassen. Also erlaubte Gabriel ihr, für ein paar Jahre zurückzukehren.

Mary Ann glaubte weder an die Geschichte ihrer Mutter noch an die Existenz von Engeln. Doch ein paar Jahre nachdem ihre Mutter tatsächlich gestorben war, passierte etwas Außergewöhnliches, das sie aufhorchen ließ.

Eine Freundin schenkte Mary Ann ein Hundebaby, doch der Kleine weigerte sich, zu ihr zu gehen oder auf sie zu hören. In ihrem Inneren konnte Mary Ann die Stimme ihrer Mutter hören, die sagte: »Gabriel, Gabriel.« Das ging stundenlang so weiter.

Mary Ann erkannte, dass ihre Mutter aus dem Himmel zu ihr sprach und ihr riet, das Hundebaby Gabriel zu nennen. Also versuchte sie, den Hund bei diesem Namen zu rufen, und sofort kam der Kleine angerannt!

Mary Ann sagte: »Heute erzähle ich all meinen Freunden, dass meine Mutter ihm vom Himmel aus den Namen Gabriel gegeben hat.« Und mittlerweile glaubt sie an Engel.

Hochgewachsener Gabriel

Viele Menschen mit Visionen von Erzengel Gabriel berichten, dass der Engel außergewöhnlich hochgewachsen ist. Die meisten Erzengel sind größer und stärker als Schutzengel. Manchmal wird gesagt, dass die Größe eines Erzengels von der Erde bis in den Himmel reicht.

Eine junge Frau namens Donna hatte eine klare Vision von Gabriel als einem beinahe 30 Meter großen Engel. Um es deutlicher zu machen: 30 Meter sind ungefähr so viel wie ein acht- oder neunstöckiges Gebäude, zum Beispiel ein Hotel oder ein Mietshaus. Und das ist wirklich hoch, wie Sie sicher zustimmen werden!

Donnas Begegnung mit dem riesigen Gabriel fand an ihrem Geburtstag statt, als sie schwer depressiv war. Als sie an diesem Tag vor ihrem Schreibtisch stand, dachte sie daran, wie leicht sie ihr Leben beenden könnte, und niemand würde es merken oder traurig sein. Sie hatte eben erst eine schlimme Auseinandersetzung mit ihrer besten Freundin gehabt, die alle ihre anderen Freunde gegen sie gekehrt hatte.

Da es niemanden mehr gab, an den Donna sich hätte wenden können, übergab sie ihre Sorgen und ihren Kummer vollständig an Gott. Sie erinnert sich:

> »Es war dieser Moment – so schnell und winzig wie die Spitze einer Nadel –, als das Wunder passierte.

Der Moment nach dem ›Aufgeben‹ und vor der Entscheidung, ›ein Ende zu machen‹, als sich alles änderte.

Beinahe unfähig, mich zu bewegen, während mir die Haare auf dem Körper zu Berge standen, schaute ich hoch. Ich sah eine Energie von so immensen Ausmaßen, dass mir Mund und Augen weit offen standen, während ich wie gebannt nach oben starrte. Es war ein Erzengel, der mich direkt ansah, und ich starrte ungläubig zurück. Ich weiß, dass es Gabriel war, der mich besuchte. Ich sah wie gebannt zu einem Engel hoch, der mindestens 30 Meter groß war, und ich erschauerte in Ehrfurcht angesichts seiner Schönheit.

Ich sah eine solche Schönheit und Liebe, dass ich den Engel so lange anstarrte, bis ich innerlich vollkommen ruhig war. Ich habe keine Ahnung, wie viel Zeit vergangen war, bevor ich das Bedürfnis verspürte, mich wieder meiner Arbeit zuzuwenden. Mittlerweile liefen mir heiße Tränen über die Wangen, und ich wandte meinen Kopf ab, wenn Kollegen an meinem Schreibtisch vorbeigingen.

Gabriel hatte meine Aufmerksamkeit so schnell geweckt und mir so viel bedingungslose Liebe geschenkt, dass ich diese Zeit des Weinens brauchte. Soweit mir bewusst war, hatte ich nicht um Hilfe gebeten. Stattdessen hatte ich hundertprozentig losgelassen. Und jetzt war ich innerlich ruhig genug, um neue Pläne zu schmieden.

Damals hatte ich keine Ahnung, was passiert war, und natürlich stellte ich Nachforschungen an. Ich entdeckte, dass Erzengel so groß werden können wie der Raum, in dem sie sich befinden, und dass sie sich zeigen, wenn man sie am meisten braucht. Ich empfinde Ehrfurcht in Bezug auf die Erzengel und Demut bei dem Gedanken, wie nahe ich daran war, mein Leben zu beenden. Diese Erfahrung lehrte mich ein für alle Mal, um Hilfe zu bitten, bevor ich den letzten Rest Hoffnung sausen lasse, und darauf zu vertrauen, dass die Engel *immer* da sind.«

So, wie andere Personen, die Begegnungen mit Erzengel Gabriel hatten, stellte auch Donna fest, dass sich ihr Leben grundlegend verändert hatte.

Engel besitzen keinen physischen Körper, also können sie in der Form erscheinen, die uns jeweils den größten Trost beschert. Vielleicht erscheint Erzengel Gabriel als ungewöhnlich hochgewachsen, um uns ein Gefühl der Sicherheit und des Schutzes zu vermitteln – so wie kleine Kinder sich von einem großen, liebevollen Erwachsenen beschützt fühlen.

☙   ☙

In der nächsten Geschichte sah ein Mann eine riesige Erscheinung von Erzengel Gabriel.

Kevin war katholisch erzogen worden und hatte seit jeher eine enge Verbindung zu Mutter Maria und Erzengel Gabriel empfunden. Er wusste, dass Gabriels Name so viel bedeutet wie »Kraft und Stärke Gottes«. Eines Nachmittags bat Kevin Erzengel Gabriel um das Geschenk des Mutes, der Kraft und der Stärke. Am Abend desselben Tages nahm Kevin an einem Seminar der Charismatischen Bewegung teil. Ein junger Mann und eine junge Frau riefen den Heiligen Geist an, während sie ihre Hände auf Kevin legten. Die Frau hatte eine Vision von Erzengel Gabriel, der hinter Kevin stand und ungefähr 18 Meter groß war. Dann sagte der junge Mann zu Kevin, dass er das Geschenk der Kraft bekommen habe und dass die Botschaft von Erzengel Gabriel für ihn lautete: *Deine Gebete sind nicht vergebens.*

Kevin sagte: »Später erinnerte ich mich an mein Gebet vom Nachmittag an Erzengel Gabriel. Ich war so verblüfft und dankbar, dass mein erstes Gebet für Erzengel Gabriel mit der Bitte um Kraft so schnell beantwortet worden war.«

Gabriel (ebenso wie Gott, Jesus und alle Engel) antwortet stets auf Gebete. Vielleicht fühlen oder sehen wir keinen Beweis für diese himmlische Präsenz, vor allem wenn wir unter Stress stehen. Nichtsdestotrotz sind die Engel immer da.

Gabriels tröstende und heilende Gegenwart

Gottes Engel sind Wesen reinsten Mitgefühls und bringen uns Trost in unseren schwierigsten Zeiten. Sie wissen, wie schwierig das irdische Leben sein kann. Wenn sie vielleicht auch nicht immer in der Lage sind, schmerzhafte Situationen zu beheben, können sie dennoch unseren Schmerz lindern, wie eine Frau mit Namen Jennifer L. Petrus entdeckte.

Im Jahre 2001 wurde Jennifers geliebte Katze, Powder, sehr krank. Nach zwei Wochen verzweifelter Versuche, ihren Liebling wieder gesund zu machen, sah Jennifer sich gezwungen, etwas zu tun, das härter war als alles, was sie in ihrem ganzen bisherigen Leben getan hatte. Sie musste Powder zum Tierarzt bringen und einschläfern lassen.

Während der ganzen Zeit blieb Jennifer an Powders Seite. Sie schrieb mir: »Die Tränen laufen mir über die Wangen, während ich Ihnen dies schreibe. Powder war die süßeste kleine Katze, die man sich wünschen konnte. Ich blieb bei ihr, und sie schaute einfach voller Vertrauen in meine Augen, ohne ihren Blick je abzuwenden. Ich konnte hören, wie sie mir sagte, dass sie gehen musste und dass sie mich liebte. Es war sehr friedlich – aber dennoch ungeheuer schwierig, auch wenn es das Beste war, was ich für meinen Liebling noch tun konnte. Ich musste tagelang weinen, auch bei meiner Arbeit als Konditormeisterin.«

Am Thanksgiving-Morgen ging Jennifer von der Arbeit nach Hause, um sich ein bisschen auszuruhen, und wieder musste sie aus Trauer um ihren kleinen Liebling weinen. Schließlich wurde sie vom Schlaf übermannt und hatte eine sehr profunde Begegnung, die weit über einen normalen Traum hinausging. Erzengel Gabriel kam zu ihr, und nie zuvor hatte sie mit geschlossenen Augen etwas so Reales erlebt.

Jennifer erinnert sich:

> »Erzengel Gabriel stand am Fußende meines Bettes. Ich erstarrte vor Schreck und griff dann nach dem Arm

meines Mannes, doch der lag nicht länger neben mir. Im nächsten Moment schwebte Erzengel Gabriel über mir.

Ich fühlte, wie aller Schmerz aus mir herausgezogen wurde. Ich sprang aus dem Bett und hörte meinen Mann in der Küche hantieren. Ich rannte zu ihm, packte ihn und zeigte mit der Hand zum Flur, wo Gabriel stand. Und neben dem Engel war ein wunderschöner Bogen aus Licht, der seine Strahlen in jede Ecke des Raumes sandte. Ich hörte das unverwechselbare Miauen von Powder, und im nächsten Moment waren beide verschwunden. Ich erwachte aus meinem Schlummer, erfüllt von einem Gefühl tiefen inneren Friedens.«

Zwei Wochen später ging Jennifer zum Tierheim »Angels for Animals« und brachte einem kleinen goldfarbenen Kater mit nach Hause, den sie dankbar Gabriel taufte. Sie und ihr Mann lieben diesen kleinen Kerl von ganzem Herzen, auch wenn sie wissen, dass er ihre süße Powder nie ersetzen kann. Doch sie sind froh, dass sie ihre Liebe mit einem neuen »Sohn« teilen können.

Erzengel Gabriel ist sowohl stark als auch sensitiv. Er ist in der Lage, jedem in seiner Nähe das Gefühl zu geben, ruhig und beschützt zu sein, genau so, wie Jennifer es beschrieben hat.

Gabriels Kupfertrompete

Da Gabriels symbolisches Horn aus Kupfer ist, berichten Menschen häufig von kupferfarbenen Blitzen oder orangefarbenen Lichtern in Gegenwart des Engels. Für viele, die einem Erzengel oder aufgestiegenen Meister begegnet sind, sind farbige Lichter etwas Normales. Im Laufe der Jahre habe ich festgestellt, dass Personen, die eine Vision oder eine Traum-Visitation hatten, folgende Farben erwähnen, die um das Wesen herum leuchten oder sichtbar aufblitzen:

- Jesus Christus: Gold
- Mutter Maria: Himmelblau
- Erzengel Michael: Königsblau
- Erzengel Raphael: Smaragdgrün
- Erzengel Gabriel: Kupfer oder Orange

Eine Freundin von mir, Carmen Carignan, hat sogar einmal Erzengel Gabriels Farbe auf einem Foto eingefangen!

Vor einigen Jahren beschloss Carmen (eine staatlich geprüfte Krankenschwester, die alternative Medizin praktiziert), sich ihren Wunsch zu erfüllen, einen eigenen Raum für ihre private Heilungsarbeit zu finden. Das war ein großer Schritt für sie, da es bedeutete, dass sie sich sozusagen »outen« würde. Einen entsprechenden Raum zu finden stellte sie vor große Schwierigkeiten, ebenso der Gedanke, wie sie die monatliche Miete aufbringen sollte. Sie hätte sich entscheiden können, die Erfüllung ihres Traumes aufzuschieben, doch sie spürte ein inneres Drängen, dem sie nicht widerstehen konnte. Weil sie diese Arbeit nicht alleine machen und die neue Praxis mit jemandem teilen wollte, wandte sie sich an Gabriel. Denn sie wusste, dass dieser Erzengel Menschen bei Veränderungen, Kommunikation und neuen Lebenssituationen hilft. Carmen hatte sich auf Geburtshilfe spezialisiert und im Zuge ihrer Arbeit viele wundersame Erfahrungen gemacht, wann immer sie Erzengel Gabriel gebeten hatte, Müttern und Babys zu helfen.

Nachdem Carmen sich mit der Bitte an Erzengel Gabriel gewandt hatte, den richtigen Ort für ihre Heilungsarbeit zu finden, geschahen zwei erstaunliche Dinge:

- Als Erstes fing sie ein paar Tage später auf einem Foto die Präsenz eines Engels bei dem Versuch, den Vollmond zu fotografieren, ein. Der Engel hatte eine kupferfarbene Aura und die herrlichsten, riesigen Flügel.

- Sie fand eine orangefarbene Feder, die sie als ein Versprechen deutete, dass alles gut werden würde.

Sie wusste, dass Erzengel Gabriel diese Zeichen gesandt hatte, da ihr ganzes Wesen von einem Gefühl der Liebe und der Ruhe erfüllt war, als sie das Foto und die Feder in der Hand hielt. Carmen erinnerte sich:

»Am nächsten Morgen rief mich eine Freundin an, die auch Therapeutin ist, und fragte mich, ob ich noch immer nach einem Raum suchte. Als ich bejahte, sagte sie mir, dass eine ihr bekannte Therapeutin in eine andere Stadt zog. Sie wollte sicherstellen, dass jemand, der im Bereich Heilung tätig war, ihren Raum mietete. Ich beschloss, mir den Raum anzusehen. Er war in einer perfekten Umgebung und weniger teuer, als ich mir vorgestellt hatte. Darüber hinaus ging der Blick aus dem Fenster auf einen Park mit herrlichen Bäumen. Meine Therapeuten-Freundin stand mir bei der Einrichtung zur Seite, beantwortete meine zahlreichen Fragen und half mir sogar, die Genehmigung für ein Schild an der Haustür zu

bekommen. Sie war ein Engel, der mir von einem anderen Engel gesandt worden war!«

Carmen glaubt fest daran, dass Erzengel Gabriel sie führte, um den idealen Ort für ihre Heilpraxis zu finden, die auch heute noch, viele Jahre später, glänzend läuft. Sie sagt: »Ich danke Erzengel Gabriel, der mir geholfen hat, den perfekten Raum zu finden – an einem perfekten Ort, zu einem perfekten Preis. Der Übergang in diesen neuen Heilungsraum war dank dieses wundervollen Engels leicht und unkompliziert.«

⚞ ⚞

Erzengel Gabriel bietet uns Trost, während er gleichzeitig Kraft und Mut verleiht. Im nächsten Kapitel werden wir uns anschauen, wie Gabriel Boten in Menschengestalt hilft: Schriftstellern und Autoren.

⚞ ⚞ ⚞

Kapitel Vier

GABRIELS SCHRIFTSTELLER UND AUTOREN

Alle Engel sind Boten Gottes, jeder mit einer individuellen Spezialität ausgestattet. Doch meistens denken wir an Erzengel Gabriel als den wichtigsten Boten unter all den anderen himmlischen Boten. Schließlich haben Gabriels berühmte Verkündigungen an Daniel (den Propheten), Zacharias und die Gottesmutter die Welt verändert.

Gabriels Botschaften erschallen auch weiterhin durch die Welt. Darüber hinaus vermittelt der Erzengel auch wichtige Informationen durch Menschen, vor allem durch Schriftsteller und Autoren.

Im Katholizismus ist Erzengel Gabriel der Schutzpatron aller, die im Bereich Kommunikation arbeiten, beispielsweise von Journalisten und Schriftstellern, aber auch von Boten wie Briefträgern oder Fahrradkurieren. Aber Sie müssen nicht katholisch und nicht einmal religiös sein, um bei Ihrer Arbeit als Bote oder Kurier die Hilfe dieses Engels in Anspruch nehmen zu können, da Gabriel ein überkonfessioneller Engel ist, der allen Erdengelboten hilft.

Um sie noch einmal daran zu erinnern: Wir beten nicht zu Engeln, da wir sie weder vergöttern noch zu Idolen ernennen. Jedoch können wir Gott bitten, uns Gabriels Hilfe zu schicken, oder uns direkt an den Erzengel wenden. Zum Beispiel können Sie sagen:

»Lieber Erzengel Gabriel, danke, dass du mir den Mut, den Fokus und die Motivation gibst, zu schreiben. Danke, dass du mir hilfst, wahre göttliche Botschaften zu hören, die ich durch das geschriebene Wort ausdrücken und weitergeben kann.«

In diesem Kapitel werden Sie viele Geschichten von Schriftstellern und Autoren hören, deren Werke schließlich veröffentlicht und auf den Schwingen von Erzengel Gabriel in neue Höhen getragen wurden.

Lisa, die mehrere meiner Bücher gelesen hat, schrieb mir folgenden Brief:

»Ich war mir nicht wirklich sicher, ob ich Autorin sein wollte, obwohl es von Kindheit an mein Ziel war. Ich liebte es, bunte Kinderbücher mit vielen Abbildungen zu schreiben. Wann immer man mich fragte, was ich denn am liebsten tun würde, lautete meine Antwort: ›Ich möchte Schriftstellerin werden.‹

Ich erinnere mich, dass die Leute sagten: ›Oh, das ist aber ein ziemlich hartes Brot!‹ Im Laufe der Zeit fing ich an, diese Bemerkungen für bare Münze zu nehmen. Ich war mir nicht mehr sicher, ob eine Karriere als Schriftstellerin wirklich das Richtige für mich war.

Ich versuchte es mit dem Schreiben und reichte diverse Artikel bei Magazinen ein, nur um immer wieder abgewiesen zu werden. Ich wusste, dass andere Autoren in einer ähnlichen Situation wie ich einen Weg gefunden hatten, damit umzugehen. Zum Beispiel Sie, Doreen! Doch ich hielt mich nicht für so gut und erkannte nicht, dass auch diese arbeiten und sich anstrengen mussten, um publiziert zu werden. Immer wieder vergaß ich diese Tatsache, und in meinem Inneren hörte sich das etwa so an: *Das zeigt nur, wie schlecht ich bin. Null Talent. Vor allem wenn man bedenkt, wie schnell die anderen publiziert wurden und erfolgreich waren, was mir einfach nicht gelingt.*

Doch wann immer ich Karten aus dem *Erzengel-Orakel-Deck* zog – im Hinblick auf meine Karriere als Autorin –, bekam ich die Karte »Kreatives Schreiben« mit dem Bild von Erzengel Gabriel. Und bei dem Deck *Lebensorakel der Engel* zog ich stets die Karten »Schreiben« und »Reisen«, wenn ich um einen Rat bezüglich meiner angestrebten Karriere bat. Dennoch hatte ich meinen Traum vom Schreiben aufgegeben und beschlossen: *Nein, das kann es einfach nicht sein für mich.* Dieser Glaubenssatz wurde durch jede Ablehnung, die ich erfuhr, bestärkt. Dennoch wollte ich unbedingt zu Hause sein und schreiben, und ich wusste, dass es da eine Aufgabe für mich gab. Viele Male rief ich Erzengel Gabriel mit der Bitte an, mir zu helfen, entsprechende Jobs zu finden, die honoriert und veröffentlicht wurden.

Eine liebe Freundin von mir ist Engel-Therapeutin. Sie sagte mir, dass Gabriel einer der wichtigsten Engel für mich ist und dass ich weiterhin schreiben sollte. Es würde irgendwann von Erfolg gekrönt sein.

Und so war es auch! Heute werde ich dafür bezahlt, eine monatliche Kolumne über Engel für ein Onlinemagazin zu schreiben. Und ich weiß, dass ich dies Gabriel und seiner Hilfe zu verdanken habe. Heute ist mir bewusst, dass die Verzögerung in meiner Karriere als Autorin Gabriels Entscheidung war, um mir die Gelegenheit zu geben, mein schriftstellerisches Talent auszubauen und zu verfeinern. Ich werde auch weiterhin Gabriel um Hilfe bitten, da ich diverse Buchideen und andere kreative Projekte habe, die ich realisieren möchte.

Noch einmal vielen Dank, Erzengel Gabriel!«

Seit 1995, als ich begann, Menschen über ihre Engelserfahrungen zu befragen, habe ich viele ähnliche Geschichten gehört. Gabriel gibt Menschen, die sich angeleitet fühlen zu schreiben, Motivation, Mut und Gelegenheiten.

Ich glaube, dass der *Wunsch* zu schreiben signalisiert, dass dies Teil Ihrer Lebensaufgabe ist. Bei Personen, die ständig denken: *Ich sollte schreiben*, ist göttliche Führung am Werk, die sie anleitet, himmlische Botschaften durch ein Buch, einen Artikel, Blog oder ein anderes Medium zum Ausdruck zu bringen. In einigen Fällen wird Gabriel vorschlagen, Tagebuch zu führen als eine Möglichkeit, die kreativen Kanäle zu öffnen. Welche Form auch immer das Schreiben annimmt, der Vorgang, einen Stift in die Hand zu nehmen und Worte zu Papier zu bringen oder die Finger auf die Tastatur zu legen und draufloszutippen, ist zutiefst befriedigend.

Wie die nächste Geschichte zeigt, kann Ihnen Gabriel außerdem helfen, das Schreibgenre, in dem Sie bisher tätig waren, zu wechseln.

Kevin Hunter hat seit 1996 bei Filmproduktionen als Autor gearbeitet. Er wusste, dass er irgendwann eigene Bücher schreiben würde, denn Schreiben war seine große Leidenschaft. Kevin fühlte, dass dies seine Berufung und Lebensaufgabe ist. Also begann er, jeden Tag Erzengel Gabriel zu bitten, ihm bei seiner Karriere als Schriftsteller zu helfen. Als Resultat fließen ihm immer wieder Ideen für Bücher zu, was ihn begeistert und zum Schreiben motiviert. Er nahm

sich sogar drei ältere Geschichten vor, die seit Jahren in seiner Schreibtischschublade schlummerten, schrieb sie um und perfektionierte sie. Seitdem Kevin Erzengel Gabriel um Unterstützung bat, hat er drei Bücher geschrieben, bearbeitet und veröffentlicht, weitere sind in Arbeit. Er sagt dazu:

>>Die Ideen in meinem Kopf sprudeln nur so und versiegen nie. Mir scheint, dass ich immer besser schreibe, und all dies verdanke ich allein Erzengel Gabriel, meinem perfekten, persönlichen Agenten.

Außerdem bitte ich Erzengel Uriel, mir Ideen einzugeben und klar die nächsten Schritte zu zeigen, so

als wäre ein Scheinwerfer darauf gerichtet. Wenn ich eine Szene für mein Buch schreibe, zeigen Gabriel und Uriel sie mir, und so geht Szene für Szene weiter. Es ist wie in dem alten Michael-Jackson-Video ›Billie Jean‹, wo er draußen auf der Straße tanzt und jeder seiner Schritte vor ihm aufleuchtet, während er weitertanzt.«

Kevin hat recht, wenn er sagt, dass Erzengel Gabriel wie ein moderner Literaturagent arbeitet, der Autoren motiviert, ihre Bücher und Artikel fertig zu schreiben und Abgabetermine einzuhalten. Ich habe Geschichten gehört, wo Gabriel Autoren drängte, bis spät nachts wach zu bleiben und zu schreiben, damit sie ihre Manuskripte rechtzeitig beenden konnten. Aus diesem Grund habe ich Gabriel häufig respektvoll den »Dränge-Engel« genannt. Zuweilen hab ich sogar potenzielle Autoren »gewarnt«, dass sie – wenn sie Gabriel um Hilfe bitten – nicht mehr viel Schlaf bekommen werden, bevor ihr Manuskript fertig ist!

So war es auch bei einer jungen Frau namens Jessyka Wallace.

Seit ihrer frühen Jugend liebte Jessyka es zu schreiben. Als Teenager benutzte sie jeden freien Moment, um Geschichten, Gedichte und Songs zu schreiben. Sie erinnert sich: »Sobald ich auch nur eine Minute freihatte, holte ich mein Heft raus und fing an zu schreiben!«

Jedes Mal zeigte sie das Geschriebene ihren engsten Freundinnen und Englischlehrern, denen sie vertraute, und bekam stets von allen ein positives Feedback! Eine ihrer Lehrerinnen gab Jessyka sogar den Rat, eine Karriere als Schriftstellerin ins Auge zu fassen, was seit jeher ihr Traum gewesen war. Doch als Jessyka in die Highschool kam, sagten ihr alle, wie schwierig es ist, eine erfolgreiche Karriere als Schriftstellerin aufzubauen – und wie wenig Geld das bringen würde. Langsam, aber sicher verblasste ihr Traum.

Im College studierte Jessyka im Hauptfach Strafjustiz. Obwohl sie das Thema interessant fand, fehlte ihr irgendetwas. Sie war nicht so leidenschaftlich bei der Sache, wie sie es für nötig hielt. Die besten Noten bekam sie immer für

Essays. Sie war ein Mensch, der vor Multiple-Choice-Tests zurückschreckte, aber in 15-seitigen Aufsätzen brillierte.

Das College war ein einziger Kampf für sie, bis sie schließlich ihren spirituellen Weg fand. Jessyka lernte, dass wir alle geschaffen wurden, um unserer Leidenschaft zu folgen und auf diese Weise Gott am besten zu dienen. Sie lernte, dass Talente kein Zufall sind – sie wurden uns aus einem bestimmten Grund verliehen. Darüber hinaus erfuhr sie von den Engeln, wie wir sie um Hilfe und Führung bitten können. Kurz darauf traf Jessyka die schwierigste Entscheidung ihres Lebens, indem sie das College aufgab.

Sie hatte große Angst und gleichzeitig fühlte sie sich befreit. Es war das erste Mal, dass sie etwas nur für sich selbst getan hatte. Dennoch wusste sie nicht, was sie als Nächstes tun würde. Jedes Mal, wenn sie Gott oder die Engel fragte, was sie tun sollte, lautete die Antwort stets: »Schreiben.«

Wann immer Jessyka sich jedoch hinsetzte, um etwas zu Papier zu bringen, hatte sie eine Schreibblockade. Nach ihrem Abgang vom College schrieb sie viele Wochen lang nicht ein einziges Wort. Stattdessen klagte sie darüber, keine Ideen zu haben und nicht zu wissen, wie und wo sie anfangen sollte. Dann eines Abends im Haus einer Freundin blätterte Jessyka mein Buch *Die Erzengel und wie man sie ruft* durch und fand ein Kapitel über Erzengel Gabriel. Jessyka hatte bereits von diesem Erzengel gehört, ohne nähere Einzelheiten zu kennen. Als sie meinen Text dazu las, wurde ihr klar, dass sie eng mit Erzengel Gabriel zusammenarbeiten musste! Diese Anrufung ist von ihr:

> *»Erzengel Gabriel, ich bitte dich um deine Präsenz, während ich [beschreiben Sie das Projekt, mit dem Sie beschäftigt sind].*
> *Bitte öffne meine kreativen Kanäle, damit ich wahrhaft inspiriert bin. Hilf mir, meinen Geist zu öffnen, damit ich einzigartige Ideen empfangen und zum Ausdruck bringen kann.*
> *Und bitte hilf mir, die Energie und Motivation beizubehalten, diese Inspirationen in die Tat umzusetzen. Danke, Gabriel.«*

Zurück zu Hause wiederholte Jessyka diese Worte und hielt ein stummes Zwiegespräch mit Gabriel. Dann machte sie es sich mit ihrem Notizheft im Bett bequem und begann zu schreiben. Es war das erste Mal seit Jahren, dass sie sich inspiriert fühlte, einen Stift in die Hand zu nehmen. Jessyka konnte kaum mithalten und musste schließlich auf ihrem Laptop weiterschreiben, weil die Gedanken so schnell und geballt kamen. Und selbst während sie tippte, kam sie kaum nach mit dem Schreiben!

Schriftstellerkarrieren

Die Erzengel können Ihnen zu einer erfüllenden Karriere verhelfen, die mit Ihrer Lebensaufgabe einhergeht. Erzengel Michael weiß, worum es im Buch des Lebens geht (auch als Akasha-Chronik oder Seelenvertrag bekannt). Ihre wahre Passion – was Sie wirklich interessiert und tun wollen – ist das Fundament Ihrer von Gott verliehenen Lebensaufgabe. Und Michael kann Ihnen helfen, diese Aufgabe zu entdecken und in die Tat umzusetzen. Darüber hinaus wird Michael Ihnen Kraft, Mut und Ideen geben.

Erzengel Raphael hilft jenen, deren Lebensaufgabe mit Heilung zu tun hat. Er kann Sie zu den richtigen Lehrbüchern und anderen Informationen führen, die Sie für Ihren Beruf als Heiler oder als Heilerin benötigen.

Menschen, deren Lebensaufgabe das Schreiben ist,

bietet Erzengel Gabriel vielfältige Gelegenheiten, wie die nächsten Geschichten zeigen.

Eine Frau mit Namen Shanaya ist Erzengel Gabriel für ihre erfolgreiche Tätigkeit als Lektorin und Autorin sehr dankbar. Es begann bereits in ihrer Kindheit, als Shanayas Mutter ihr einen Aufkleber in Form eines Engels mit Trompete schenkte, der in der Dunkelheit leuchtete (wie Sie sich erin-

nern, ist die Trompete Gabriels Symbol). Jahre später gab Shanayas Tante ihr einen Gabriel-Halskettenanhänger, der genauso aussah wie der Engelaufkleber aus ihrer Kindheit.

Shanaya sprach ständig mit Gabriel, auch über ihren Traum, Schriftstellerin zu werden. Dann fand sie Zeichen des Erzengels in Form von Engelaufklebern. Diese Aufkleber hatten keinen erklärbaren Ursprung, und Shanaya wusste, dass sie Zeichen des Himmels waren.

Als Shanaya dann zu einem Interview für den ersehnten Job als Lektorin eingeladen wurde, stellte sie sorgfältig ihr Resümee zusammen und legte diverse Schreibproben dazu. Doch als sie in dem Verlag ankam, wo das Interview stattfinden sollte, merkte sie zu ihrem Entsetzen, dass sie ihre Unterlagen zu Hause liegen gelassen hatte! Sie saß im Empfangsbereich des Verlages und wartete auf ihren Termin, während sie inständig Gabriel um Hilfe bat.

Als sie schließlich zum Büro des Redakteurs begleitet wurde, sah sie verblüfft, dass er ihr Resümee und die Schreibproben in der Hand hielt! Dann fiel ihr ein, dass sie ihm diese Unterlagen bereits vor dem Interview geschickt hatte.

Und als sie den Redakteur sagen hörte: »Wir würden Ihnen gerne eine Stelle als Redaktionsassistentin anbieten«, wusste sie, dass Erzengel Gabriel ihr geholfen hatte. Von dem Tag an fand Shanaya nie wieder einen Engelaufkleber. Und sie brauchte auch keinen mehr, da ihre Gebete erhört worden waren!

Shanaya stellte fest, dass Erzengel Gabriel die Fähigkeit besitzt, Schriftstellern auf sehr praktische Weise zu helfen. Der Engel weiß, dass es nicht ausreicht, inspirierte Artikel oder Bücher zu schreiben. Es muss eine Möglichkeit geben, um das Material zu veröffentlichen.

Als ich vor vielen Jahren beschloss zu schreiben, versuchte mein Lehrer an der Universität, mich davon abzubringen. Er behauptete, dass ich nie etwas veröffentlichen würde. Warum es also versuchen? Zum Glück habe ich nicht auf ihn gehört!

❦ ❦

Wie eine Frau namens Janhavi Patel entdeckte, hilft Erzengel Gabriel Autoren, allen Widrigkeiten zu trotzen und von ihrer schriftstellerischen Arbeit leben zu können. Obwohl Janhavis Familie skeptisch war bezüglich ihrer Fähigkeit, als Autorin ihren Lebensunterhalt zu verdienen, hat Erzengel Gabriel von Anfang an für sie gefochten.

Janhavi schreibt es allein Erzengel Gabriel zu, ihre erfolgreiche Karriere als Autorin im Bereich Entertainment unterstützt zu haben. Ihre bewusste Verbindung zu Gabriel begann, als sie ausgewählt wurde, in einer Weihnachtsaufführung ihrer Schule die Rolle des Erzengels zu spielen.

Wann immer Janhavi sich an den Erzengel wendet, schickt er ihr deutliche Zeichen, zum Beispiel indem Janhavi den Namen Gabriel sieht oder hört (mit ihren physischen Sinnen) oder Videos oder Karten sieht, die mit dem Erzengel zu tun haben.

Janhavis erster Job als Autorin war im Bereich Filmkritik, was ihr sehr gefiel. Doch sie machte sich Gedanken darüber, wie sie Objektivität bewahren und sich vor Filmen schützen konnte, die eine harsche oder unangenehme Energie besaßen. Es dauerte nicht lange, bis sie merkte, dass ihr Schreibstil besser wurde und sie sich weniger mit dem Gesehenen identifizierte, was ihr ermöglichte, unvoreingenommene Filmkritiken zu schreiben.

Janhavi sagt: »Wenn Sie beim Schreiben Hilfe und Ermutigung brauchen, wenden Sie sich getrost an Erzengel Gabriel. Mit seiner Hilfe kann jeder schreiben, der schreiben möchte. Ich wusste, ich wollte eine Karriere als Autorin, auch wenn alle, die ich kannte, dagegen waren und es lieber gesehen hätten, wenn ich einen konventionelleren Beruf ergreife. Nichtsdestotrotz vertraute ich darauf, dass die Dinge sich in meinem Sinne entwickeln würden. Heute kann ich zu meiner großen Freude sagen, dass ich eine erfolgreiche Karriere in der Unterhaltungsindustrie hatte, die in vielerlei Hinsicht bereichernd gewesen ist. Jetzt bin ich bereit, etwas anderes zu tun (hauptsächlich durch Schreiben), etwas, das dazu beiträgt, die Welt zu verbessern!«

Die Zahl der mir bekannten Autoren, die ihren Erfolg Erzengel Gabriel verdanken, ist in etwa so groß wie die Anzahl der Personen, die ich kennengelernt habe und die Erzengel Michael dafür danken, dass er ihr Leben gerettet hat. Autoren, Schriftsteller und Journalisten sind ohne Frage Erzengel Gabriels Kompetenzbereich und Spezialität. Dazu gehören (aber nicht ausschließlich) Personen, deren Beruf mit Menschen zu tun hat, die schreiben – beispielsweise Lektoren, Herausgeber, Verleger, Buchhändler, Bibliothekare sowie alle, die im Zeitungs- und Medienbereich tätig sind. Vergessen Sie nicht, dass Gabriel der Schutzpatron aller ist, deren Beruf mit Kommunikation zu tun hat.

Wenn Sie von einer erfolgreichen Schriftstellerkarriere träumen, lassen Sie sich bitte nicht davon abhalten. Bleiben Sie dran, schreiben Sie unbeirrt weiter und wenden Sie sich kontinuierlich mit der Bitte um Unterstützung an Erzengel Gabriel.

Lange Zeit hegte eine Frau namens Bindiya im Geheimen den Traum zu schreiben – den Traum, sich durch das geschriebene Wort auszudrücken. Doch in ihrer Familie wurde auf jede Art kreativen Selbstausdrucks herabgesehen. Das Leben wurde als eine Folge von Mühsal und Not ertragen, daher lag der Hauptfokus darauf, Geld zu verdienen und materielle Bedürfnisse zu erfüllen.

Bindiya wuchs im Grunde genommen in einer Familie heran, die an Mangel glaubte. Und als sie dann einen hoch bezahlten Job aufgab, um ihr kreatives Potenzial und ihre

Spiritualität zu erforschen, erhielt sie so gut wie keine Unterstützung von ihrer Familie, abgesehen von ihrem Bruder. Allerdings hatte sie das Glück, dass niemand sie stoppte oder ihr irgendwelche Hindernisse in den Weg legte. Man ignorierte sie nur einfach, wahrscheinlich in dem Gedanken, dass sie schnell genug wieder zu Sinnen kommen würde.

Die Stelle aufzugeben war eine schwierige Entscheidung für Bindiya, doch sie wusste, dass sie ihr inneres Potenzial erforschen musste. Nach drei Jahren rigoroser Energieklärungsprozesse mittels Meditation und diverser innerer Wachstumsprozesse nahm sie an einem Onlinekurs über Engel teil. In diesem Zusammenhang erfuhr sie von meinem Kartendeck *Das Erzengel-Orakel*. Sie hatte große finanzielle Probleme und konnte es sich nicht leisten, das Deck zu kaufen. Trotzdem fand es den Weg zu ihr in Form eines Geschenks von ihrem Bruder, der immer an sie geglaubt hatte. Bindiya erinnerte sich:

>>Ungefähr zur gleichen Zeit suchte ich nach einem Job, wo ich schreiben konnte, doch wann immer ich mich bewarb, wollte man ein Portfolio sehen, das ich nicht hatte. Dann sah ich die Anzeige einer Zeitschrift. Es wurde nach einem Freelance-Autor gesucht. Ich beschloss, mich zu bewerben, obwohl ich eben erst aus meinem kreativen Schutzpanzer herausgekommen war und null Selbstvertrauen besaß. Doch hatte ich begonnen, täglich eine Karte aus dem Erzengel-Deck zu ziehen, und an jenem Tag war es die Karte >>Kreatives Schreiben<< als Botschaft von Erzengel Gabriel. Ich schickte meine Bewerbung ab und erhielt kurz darauf einen Anruf mit der Bitte um ein Vorstellungsgespräch. Zuerst war ich total aufgeregt und begeistert, aber dann wurden meine Ängste immer größer.

Während des Interviews bat man mich, eine Schreibprobe abzugeben. Innerlich rief ich Erzengel Gabriel um Hilfe, und im nächsten Moment fiel mir ein Artikel ein, den ich etwa ein Jahr zuvor geschrieben hatte. Von Zweifeln geplagt, reichte ich ihn dennoch ein – und bekam die Stelle! Die erste Aufgabe war nicht weniger wundersam. Ich bekam den Auftrag, Kritiken über zwei Restaurants zu schreiben, und hatte keine Ahnung, was ich tun oder wie ich beginnen sollte. Doch Erzengel Gabriel sorgte dafür, dass ich die richtigen Leute kennenlernte. Er führte mich Schritt für Schritt, indem er meine Ängste besänftigte und mir Selbstvertrauen gab.«

Außerdem achtete Erzengel Gabriel darauf, dass Bindyia von Menschen umgeben war, die sie ermutigten. Durch all die Hilfe und Unterstützung, die sie bekam, fielen die Rezensionen wirklich fantastisch aus. Jetzt war sie tatsächlich eine publizierte Autorin!

Nun bat Bindiya Erzengel Gabriel um eine Möglichkeit, auch ihre Spiritualität zum Ausdruck zu bringen. Der Engel drängte sie liebevoll dazu, einen Blog einzurichten, und begleitete sie auch hier bei jedem Schritt. Wann immer sie sich selbst gegenüber zu hart war oder zu viel von sich verlangte, sandte Gabriel Bindiya Botschaften, um ihr inneres kreatives Kind zu unterstützen.

Bindiya sagt: »Zurzeit habe ich viele verschiedene Ideen im Kopf, und ich bete darum, dass ich die mir gegebenen Aufgaben erledigen kann. Ich scherze nicht, wenn ich sage, dass ich soeben, während ich diese wunderbaren Erfahrungen aufschreibe, *weitere* Schreibaufträge erhalten habe. Ohne die Ermutigung und ständige Freundschaft und Führung von Erzengel Gabriel glaube ich nicht, dass ich meinen Traum leben könnte!«

Ich freue mich sehr für Bindiya und darüber, dass sie ihren Traum verfolgt hat. Als Autor publiziert zu sein ist ein höchst befriedigendes Gefühl!

🐾 🐾

Die nächste Geschichte handelt von einem Schreiblehrer, der Hilfe von Erzengel Gabriel erhielt. Dies ist ein Thema, das ich aus persönlicher Erfahrung kenne, da ich selbst Klassen im Rahmen des UCLA Extension Writer's Program unterrichtet und außerdem meine eigenen Schreibkurse gegeben habe. Jedes Mal, wenn ein Lehrer einem Schüler oder Studenten hilft, seinen Schreibstil zu verbessern, arbeitet dieser Lehrer gemeinsam mit Erzengel Gabriel an dessen Mission!

Es hat mir große Freude und ein Gefühl der Erfüllung geschenkt, zu sehen, wie einige meiner Studenten erfolgreiche publizierte Autoren wurden. Ich kann mir sehr gut die göttliche Freude vorstellen, die Erzengel Gabriel erlebt, wenn er Schriftsteller und Autoren unterstützt und ihnen hilft, ihre Arbeit gut zu machen!

Suhana Bhatia aus Mumbai, Indien, schreibt Drehbücher fürs Fernsehen, Artikel für *Times of India* und lehrt als Gastprofessorin an der Universität in Mumbai das Fach

»Schreiben für die Medien«. Suhana liebt Bücher und Farben. Außerdem liebt sie es, mit Engeln zu arbeiten, und dazu gehören auch die Engel-Orakelkarten.

Wenn sie ihre Studenten unterrichtete, hatte Suhana gelegentlich das Gefühl, als würde sie ihnen nicht genug helfen. Sie hatte weder eine Hilfskraft noch Lehrbücher, weil der Bereich »Schreiben für die Medien« mehr als Kunst denn als Wissenschaft verstanden wurde.

Da Suhana die Lernerfahrungen ihrer Studenten wichtig waren, betete und meditierte sie jedes Mal vor Unterrichtsbeginn. Sie visualisierte ein weißes Licht, das jeden Studenten und das ganze Klassenzimmer einhüllte, und bat Erzengel Gabriel, ihr zu helfen, optimal mit ihren Eleven zu kommunizieren. Suhana freute sich, dass ihre Schüler den Unterricht jeden Tag mit einem Lächeln verließen und ihr versicherten, dass sie ihre Lieblingslehrerin war.

Am letzten Tag des Semesters wusste Suhana nicht, worüber sie im Unterricht sprechen sollte. Sie hatte bereits alle Themen behandelt, die sie sich für das Semester vorgenommen hatte. Suhana erinnerte sich: »Am liebsten hätte ich die Klasse abgesagt, da ich nichts Spezifisches vorbereitet hatte. Ich machte mir Sorgen, dass ich vielleicht nicht genug zum Unterricht beizutragen hätte, und bat daher Erzengel Gabriel, mir beizustehen. Ich erinnere mich kaum, für was ich gebetet hatte, doch ich wusste, dass ich dringend Hilfe brauchte!«

Während des Unterrichts fühlte Suhana sich inspiriert, mit ihren Schülern ein Fernsehdrehbuch zu analysieren, indem sie sich die Show gemeinsam anschauten! Sie hatten sich schon früher an Filmdrehbüchern geübt. Dieses gemeinsame Fernseherlebnis war nun die perfekte Idee (die sie Gabriels Intervention zuschrieb), um das Semester in Form der Analyse des Drehbuchs einer beliebten Fernsehserie erfolgreich abzuschließen.

An jenem Tag floss der Unterricht noch müheloser und angenehmer als sonst. Sie sagt dazu: »Ich fühlte mich, als hätte mir jemand die Worte in den Mund gelegt. Es stellte sich heraus, dass die Unterrichtsstunden an diesem Tag die gründlichsten und angenehmsten des ganzen Semesters waren – und zwar für uns alle. Und für die Studenten fügte sich mit einem Mal alles, was ich ihnen beigebracht hatte, wie die Steinchen eines Puzzles problemlos zusammen.«

Auf dem Heimweg dankte Suhana Erzengel Gabriel, dass er während des Unterrichts bei ihr gewesen war. Er hatte dafür gesorgt, ihre letzte Klasse des Semesters sowohl für die Studenten als auch für sie so bedeutungsvoll zu gestalten. Am nächsten Tag schickte einer der Studenten eine Rundmail an alle, in der zu lesen stand, wie fantastisch der Unterricht gewesen war.

Suhana sagte: »Es gab Zeiten, da hatte ich Zweifel, ob ich wirklich von Engeln umgeben bin. Doch dann passiert so ein unglaublicher Tag wie dieser. Dann weiß ich wieder, welche Superkräfte sie haben, mit denen sie uns helfen.«

Angehende Schriftsteller

Wir sehen Erzengel Uriel normalerweise als den Engel, an den sich Schüler und Studenten wenden können, wenn sie intellektuelle Hilfe brauchen. Schließlich ist Uriel der Engel des Lichts, der während eines Examens dafür sorgen kann, dass den Studenten ein Licht aufgeht. Viele von ihnen wenden sich auch an Erzengel Zadkiel, der seit Langem als der Engel betrachtet wird, der bei der Entwicklung eines guten Erinnerungsvermögens hilft. Zadkiel hilft Studenten und Schülern, sich an Gelerntes zu erinnern und die richtigen Antworten zu geben.

Auch Erzengel Gabriel ist ein wundervoller Engel, wenn es darum geht, Studenten bei jeder Art von Aufgaben zu unterstützen, die mit Schreiben zu tun haben. Zum Beispiel erhält jeder Student irgendwann die Aufgabe, ein Essay zu schreiben. So erging es auch einer Frau namens Laura Lawson, der Erzengel Gabriel beim Schreiben eines Essays half, mit dem sie sich um einen Studienplatz im College bewarb.

Laura versuchte, das Zulassungsformular auszufüllen, fühlte sich aber blockiert. Sie beschloss, eine Nacht darüber zu schlafen, und wachte einige Stunden später auf, weil sie das deutliche Gefühl hatte, dass jemand bei ihr im Zimmer war. Laura fühlte sich sicher und von Frieden erfüllt, als sie eine hochgewachsene leuchtende Gestalt bemerkte.

Laura erinnert sich: »Ich sah ein hochgewachsenes Wesen aus Licht, das weiß und golden schimmerte. Ich empfing seine Botschaften wie Emotionen in meinem Inneren, als Gefühle des Selbstvertrauens, der Kraft und Inspiration. Diese Gefühle zeigten mir, dass ich auf dem richtigen Weg war und das tat, was ich tun sollte.«

Am nächsten Tag, als Laura mit dem Auto unterwegs war und an ihr Erlebnis der letzten Nacht dachte, fragte sie sich: *Wer war dieser Besucher?* Genau in diesem Moment wandte sie ihren Kopf und sah ein Schild vor einer Kirche, auf dem geschrieben stand: GABRIEL. »Irgendwo tief in meinem Inneren hatte ich die ganze Zeit *gewusst*, dass es Gabriel war.«

Laura bekam einen Studienplatz an ihrem Lieblingscollege und hat ihr Studium mittlerweile abgeschlossen. Sie dankt Erzengel Gabriel für seine Hilfe, die es ihr ermöglichte, ein überzeugendes Bewerbungsessay zu verfassen.

Ich finde es interessant, dass auch Laura Erzengel Gabriel als ein sehr hochgewachsenes Wesen beschreibt. Ich glaube, dass der Engel auf diese Weise erscheint, um dem

Menschen, dem er seine Hilfe zukommen lässt, Selbstvertrauen und ein Gefühl der Autorität zu vermitteln. Außerdem habe ich festgestellt, dass niemand, der von einer Erscheinung des Erzengels berichtete, Angst oder Schrecken empfunden hat. Im Gegenteil – alle haben ein wohltuendes Gefühl inneren Friedens erwähnt. Wenn diese Gefühle vielleicht auch ein Produkt euphorischer Erinnerung sein mögen anstatt eine akkurate Wiedergabe des Geschehens, so sind doch die Resultate ohne Frage in jedem mir bekannten Fall wohltuend und positiv gewesen.

꙰ ꙰

Hier ist ein weiteres Beispiel einer Studentin, die mit der wunderbaren Hilfe von Erzengel Gabriel ein fantastisches Ergebnis erzielte.

Seit Stevi ein kleines Mädchen war, war das Schreiben ihre Lieblingsbeschäftigung. Außerdem fing sie schon sehr früh an zu lesen, verfasste Gedichte und schrieb viele kleine Geschichten. Im letzten Jahr an der Highschool meldete sie sich für Kurse in Englisch, Literatur und Geschichte an. Sie verfasste diverse Essays und Prüfungsaufsätze, die für die erstrebte journalistische Karriere, die ihr vorschwebte, entscheidend waren. Jedes Mal stand sie dabei unter großem Stress und machte sich Sorgen, bevor sie diese Aufgaben und Prüfungen erledigte, auch wenn sie immer bestens vorbereitet war.

Weil sie so sehr auf ihre Studien und ihre physische Welt fokussiert war, hatte Stevi das Gefühl, dass es immer schwieriger wurde, Zugang zu ihrer spirituellen Seite zu finden. Also betete sie um Führung und spürte das Bedürfnis, zu meditieren und sich zu entgiften.

In ihren Meditationen bat Stevi um Hilfe bei ihren Essays. Und beinahe umgehend fühlte sie sich angeleitet, noch einmal einige der spirituellen Bücher in die Hand zu nehmen, die sie bereits gelesen hatte. Sie dachte daran, was ich in meinen Büchern über Engel geschrieben hatte, und erinnerte sich, dass Erzengel Gabriel Journalisten und Lehrern hilft. Und so bat sie sowohl an den Abenden vor einer schriftlichen Prüfung als auch am nächsten Morgen beim Betreten des Klassenzimmers Gabriel um Hilfe.

Stevi sagte: »Sobald ich mich hingesetzt hatte, atmete ich ein paarmal tief durch, um mich zu beruhigen. Und wenn ich dann anfing zu schreiben, hatte ich das Gefühl, von einer wunderbaren Kraft erfüllt zu sein und geführt zu werden, während ich die Worte zu Papier brachte. Ich hörte und schrieb sogar Worte, die ich normalerweise nicht benutzte und deren Bedeutung ich später nachschlagen musste! In diesem letzten Jahr an der Highschool bekam ich für meine Essays immer mindestens eine Zwei plus, was einfach fantastisch war! Ich bin sicher, dass die wunderbare Präsenz von Erzengel Gabriel und meinen Engeln mir geholfen hat, und ich danke ihnen jeden Tag dafür!«

Normales Schreiben

Selbst wenn Sie kein Student sind oder eine Laufbahn als Autor oder Autorin anstreben, können Sie auch bei ganz alltäglichen Formen des Schreibens um Erzengel Gabriels Unterstützung bitten. Gabriel kann Ihnen helfen, in Ihrem Job klar und eloquent Ihre Ideen auszudrücken, wenn es darum geht, Berichte, Formbriefe und E-Mails zu schreiben.

Hier ist der Fall einer Frau namens Soniya Kalani, die zusammen mit Kollegen einen wunderbaren Slogan für ein Produkt formulierte, der sich wirklich auszahlte. Soniya erzählte mir:

> »Mein Vater ist Leiter eines riesigen Herstellungs- und Exportunternehmens. Eines Nachmittags rief er mich dringend zu sich ins Büro, damit ich ihm bei einem Slogan für seine neueste Produkteinführung helfe. Auf der Fahrt in die Firma bat ich innerlich Erzengel Gabriel, mich bei dem passenden Slogan für dieses Produkt zu unterstützen. In dem Moment, wo ich das Konferenzzimmer betrat, hörte ich in meinem Kopf die Worte: *Winner's Choice* (in etwa: *Die Wahl von Gewinnern*).

Als ich den Firmenvertretern diesen Slogan vortrug, waren sie sofort begeistert! Und meine Freude hätte nicht größer sein können, als man mir kurz darauf einen dicken Scheck präsentierte, nur weil mir dieser perfekte Slogan eingefallen war. Ich sprang vor Vergnügen in die Luft! Danke, Gabriel – ich liebe dich, so einfach ist das!«

 🐎 🐎

Erzengel Gabriels Führung ist praktisch und unprätentiös und kann immer dann hilfreich sein, wenn Sie sich durch das geschriebene Wort ausdrücken müssen. Viele Menschen schreiben Blogs, in denen sie ihre Meinung zu Ereignissen des Tages und Ähnlichem äußern und die dann auf persönlichen Webseiten und Social-Media-Sites erscheinen. Sie können Erzengel Gabriel um Unterstützung bitten, wenn Sie für Ihren Blog und sonstige Essays Ihre Gefühle in Worte fassen wollen, die Ihre persönliche Meinung zum Ausdruck bringen. Genauso wie es eine Frau namens Maria Flynn tut:

Maria fühlt und hört Erzengel Gabriel, der sie liebevoll dazu drängt, ihre Blogs zu schreiben. Sie sagt: »Diese Blogs sind meine Möglichkeit, heilende Worte zu übermitteln und meine schriftstellerischen Fähigkeiten zu entwickeln, um mich mit anderen zu verbinden – und natürlich auch, um meine Geschichte zu erzählen.«

Ständig hat sie neue Ideen für Blog-Themen und als sie einmal nachfragte, woher all diese Ideen kommen, sah sie Visionen von Kreisen, die golden-metallisch glänzten. (Gabriel hat eine kupferfarbene Aura, der Farbe Gold sehr ähnlich.) Als Nächstes zog Maria Orakelkarten mit der Frage, wer ihr beim Schreiben half, und jedes Mal zog sie eine »Erzengel Gabriel«-Karte. Also nahm sie dies als Zeichen und heute schreibt sie Blogs, twittert täglich und hat inzwischen viele Fans, die ihre Worte lesen.

Die Erzengel gehen mit der Zeit, wie man sieht!

Tagebuchschreiben

Die Engel leiten häufig Menschen an, ein Tagebuch zu führen als therapeutisches Werkzeug, um die eigenen Gefühle auszudrücken und sich mit dem Göttlichen zu verbinden. Falls Sie diesen inneren Anstoß verspüren, sollten Sie ihm folgen und mit dem Tagebuchschreiben beginnen. Jede Art von Heft oder Journal eignet sich dafür, wenngleich ich mich persönlich von Heften angezogen fühle, die einen schönen Umschlag haben. Doch lassen Sie sich durch den Versuch, ein schönes Journal zu finden, nicht dazu verleiten, Ihre Tagebuchaufzeichnungen aufzuschieben – nehmen Sie einfach das nächstbeste und fangen Sie an!

Wenn Sie Tagebuch führen, verbinden Sie sich mit der unendlichen Weisheit des göttlichen Universums. Während Sie schreiben, können Sie um Antworten bitten und diese empfangen, wie eine Frau namens Joy Perino entdeckte.

Joy, die Drehbuchschreiben unterrichtet, verdankt es Erzengel Gabriel, dass er ihr Buch *It Comes* inspiriert hat. Außerdem half der Erzengel ihr, sich von einer schmerzhaften Beziehung und Trennung zu erholen.

Eines Tages fragte Joy sich, warum eine bestimmte Frau einen Groll gegen sie hegte. Sie beschloss, die Frage auf ein Blatt Papier zu schreiben und Erzengel Gabriel um Antwort und Führung zu bitten. Schließlich war Joys Konfirmationsname und zweiter Name Gabrielle. Sie war also nach dem Erzengel benannt.

Joy hatte sich nie zuvor mit automatischem Schreiben beschäftigt, war jedoch bereit, einen Versuch zu wagen. Sie wusste, dass man grundsätzlich eine Frage aufschreiben und dann jedwede Antwort notieren musste, die durch Gedanken, Ideen, Gefühle oder Visionen hochkommt.

Also schrieb Joy folgende Frage an Gabriel: »Warum mag mich diese Frau nicht?« Sofort kam die Antwort: Die Frau war sehr unglücklich und eifersüchtig auf Joys Glück. Das leuchtete Joy total ein und half ihr, Mitgefühl für die Frau zu empfinden.

Erzengel Gabriel hilft jedem, der um seine Unterstützung bittet, vor allem wenn es um das Thema Schreiben geht. Als oberster Botenengel scheint Gabriel Personen »anzuheuern«, um durch ihre schriftstellerische Arbeit Botschaften göttlicher Liebe zu übermitteln.

Im Laufe der Jahre habe ich darüber hinaus gemerkt, dass Erzengel Gabriel Boten und Kurieren jedweder Art hilft, wie wir im nächsten Kapitel sehen werden.

Kapitel Fünf

KLARE
KOMMUNIKATION

Sie haben gerade gelesen, wie Erzengel Gabriel den Boten des geschriebenen Wortes hilft. In diesem Kapitel werden wir erkunden, wie der Erzengel klare Kommunikation durch das gesprochene Wort ermöglicht.

Das ikonische Bild eines Engels in langem fließendem Gewand und einer Trompete oder einem Horn in der Hand stellt Erzengel Gabriel dar, der eine göttliche Botschaft übermittelt (zu sehen auf der nächsten Seite).

Gabriels Trompete kündigt an, dass er eine Botschaft verkünden will. Die Töne des Instruments klären die Luft und Energie. Sie sorgen für eine Unterbrechung bei Gesprächen und Aktivitäten und bereiten auf diese Weise den Hörer auf das vor, was der Engel zu sagen hat.

Gabriel sendet auch heute noch Botschaften der Liebe, oftmals durch besonders sensitive, empfängliche Personen, die unbewusst als himmlische Boten fungieren. Manchmal jedoch ist Gabriels Gegenwart und Botschaft offensichtlich, wie die nächste Geschichte zeigt.

Katie Comello erhielt eine Botschaft des Erzengels, die sie zunächst erschreckte, sich dann jedoch als sehr tröstlich herausstellte.

Am Freitag, dem 19. Januar 1996, war die 33-jährige Katie dabei, das Geschirr zu waschen. Sie fühlte sich wie gelähmt vor Trauer, ohne dass sie wusste, warum. Sicher, ihr Vater war am Tag zuvor nach einer routinemäßigen Hernie-Operation aus dem Krankenhaus entlassen worden. Doch jetzt war er zu Hause und ruhte sich aus.

Katie sagte:

»Plötzlich spürte ich, dass jemand hinter mir stand – jemand, der viel größer war als ich – und von hinten seine Arme um mich legte und mich sanft umarmte. Ich konnte buchstäblich meinen ganzen Rücken und meine Beine entlang die physische Gegenwart eines Körpers fühlen. Am Hinterkopf konnte ich die Brust dieses geheimnisvollen Besuchers fühlen, dessen Arme mich umfingen. Ich erinnere mich an ein Gefühl von Liebe und Trost. Dann sah ich im nächsten Moment wie ein Blitz die Worte *Es tut mir leid* in meinem Kopf aufleuchten. Ich erkannte sofort die Bedeutung dieser Botschaft – mein Vater!

Ich drehte mich um, *stieß* dieses Wesen von mir weg und versuchte, die Arme des Engels und seine Gegenwart abzuschütteln. Dabei sagte ich laut: ›Gabriel, wenn du denkst, das hat mich getröstet, so irrst du dich. Ich will nicht, dass du ihn mitnimmst. Ich bin noch nicht bereit!‹

Es war, als hätte sich meiner Seele der Gedanke eingeprägt, dass Gabriel kommen musste, um mir die Nachricht zu bringen, dass mein Vater im Sterben lag. So ließ er mich wissen, dass ich während dieses Prozesses und Übergangs nicht alleine war. Ich habe keine Ahnung, warum ich das Wesen mit ›Gabriel‹ ansprach oder wie ich diese Botschaft bekommen habe. Es war mehr wie ein unmittelbares Gefühl.

Am darauffolgenden Dienstag starb mein Vater auf dem Boden seines Badezimmers. Meine Mutter fand ihn, nachdem er dort ein paar Stunden gelegen hatte. Als ich den Anruf bekam, fuhr ich sofort zum Haus meiner Eltern. Ich setzte mich auf den Boden zu meinem Vater und versuchte, mir jedes Detail seines Gesichts einzuprägen, damit ich es nie vergesse. Wieder erschien Gabriel; ich fühlte, wie er sich neben mich auf den Boden setzte. Ich wusste, dass die Energie, die ich spürte, der Engel war und nicht mein Vater, weil es dieselbe Energie war wie damals in meiner Küche.

Ich fühlte, wie Gabriels Energie sich sanft um meine Schultern legte und mich umarmte. Und in meinem Inneren ›hörte‹ ich erneut die Worte: *Es tut mir leid.*

Ich erwiderte: ›Ich weiß, dass du hier bist. Ich bin immer noch nicht bereit, meinen Vater zu verlieren, aber kümmere dich bitte um ihn, okay?‹ Ich spürte die Liebe der Umarmung und gab mich ihr hin. Dieses Mal versuchte ich nicht, den Engel wegzustoßen.

Bis auf den heutigen Tag kann ich mich genau daran erinnern, wie ich mich damals in meiner Küche gefühlt habe. Es war so real für mich, und ich hatte nicht den geringsten Zweifel, dass das Ganze wirklich passiert war. Mir laufen noch immer Schauer über den Rücken, wenn ich daran denke, und ich freue mich jedes Mal über Gabriels Gegenwart. Ich habe keine logische Erklärung, warum ich wusste, dass es Gabriel war, außer dass ich es einfach in meinem Herzen gefühlt und in meinem Kopf gehört habe. Und das allein hat mir in einem sehr schweren Abschnitt meines Lebens großen Trost gespendet.«

🦌 🦌

Zuweilen reagieren Menschen überrascht, verärgert oder mit Zweifeln, wenn sie hören, dass ein biblischer Engel wie Gabriel normale Menschen in der modernen Welt kontaktiert. Schließlich erscheint Gabriel in der Bibel ausschließlich Heiligen. Warum sollte dieser machtvolle Engel sich mit gewöhnlichen Sterblichen und ihren profanen Erlebnissen abgeben?

Die Antwort: Gottes Liebe ist unbegrenzt, allgegenwärtig und bedingungslos. Außerdem ist das Göttliche zeitlos. Gott hat nicht vor 2000 Jahren aufgehört, uns Engel zu schicken. Die namenlosen und die berühmten Engel sind heute mehr denn je unter uns, weil unsere komplizierte Welt extra Schutz und Führung von Gottes Boten braucht.

Wenn wir uns in Erinnerung rufen, dass Gabriel nicht physisch ist und daher weder Zeit- noch Raumbeschränkungen unterliegt, können wir verstehen, wie der Erzengel

bei jedem von uns gleichzeitig sein kann. Das ist der Grund, warum wir uns keine Sorgen machen müssen, dass wir die Engel »belästigen«, indem wir sie um ihre Hilfe bitten. Die spirituelle Wahrheit ist, dass die Engel in der Lage sind, simultan jedem Einzelnen, der sie anruft, zu helfen.

Kinder und Engel

Kinder sind wunderbar aufgeschlossen und ohne Vorurteile, daher glauben sie bereitwillig an Engel. Manchmal basiert ihr Glaube an sie auf persönlichen Erfahrungen. Ich selbst hatte als Kind viele Begegnungen mit Engeln und habe festgestellt, dass es zahllosen Kindern weltweit genauso geht. Viele »unsichtbare Freunde« sind in Wahrheit Schutzengel.

Im Laufe der Jahre habe ich viele Geschichten von Kindern erhalten, die mit Erzengeln interagiert haben. Die eindrucksvollsten Geschichten kommen von Kindern, die vorher nichts über diese Erzengel wussten, jedoch akkurat Namen, Spezialitäten und andere Eigenschaften bestimmter Engel beschreiben.

Ich bin überzeugt, dass Kinder so leicht Verbindung zu Engeln aufnehmen können, weil ihr junger Geist nicht mit der Skepsis oder den Zweifeln erfüllt ist, die häufig den Geist der Erwachsenen quälen. Das ist es, was der biblische Satz »Werdet wie die kleinen Kinder« bedeutet. Und wir alle sollten danach streben, in unserem Herzen den Glauben und das Vertrauen eines Kindes wiederzufinden und mit dem Wissen des Erwachsenen zu verbinden.

Die achtjährige Eva* hatte seit frühester Kindheit immer wieder über ihren Freund Gabriel gesprochen. Er gab ihr Informationen im Hinblick auf zukünftige Ereignisse, doch klagte sie ihrer Mutter, Rosalie, dass die Informationen zu intensiv und zu schnell kamen. Sie sagte, dass ihre nächtlichen Träume prophetisch waren und die Ereignisse des nächsten Tages voraussagten. Sie hatte Angst, dass sie selbst durch diese Träume die Ereignisse möglich machte und ein »schlechter Mensch« war.

»Es ist okay, mein Liebling«, beruhigte Rosalie ihre weinende Tochter. »Das bedeutet nicht, dass du schlecht bist. Was du erlebst, nennt man *Intuition*. Jeder Mensch ist intuitiv, und manche sind ein bisschen intuitiver als andere, doch ist es nichts, wovor du Angst haben müsstest.«

»Genau das hat mein Engel auch gesagt«, erwiderte Eva.

»Ein Engel in deinem Traum?«, fragte ihre Mutter.

»Nein«, sagte das kleine Mädchen. »Der Engel in meinem Zimmer – Gabriel.«

Rosalie hatte schon seit geraumer Zeit gehört, wie ihre Tochter von ihrer Freundin Gabriel sprach. Wenn sie von Neuigkeiten – wie zum Beispiel einer Schwangerschaft oder einem Umzug in der Familie – hörte, erwiderte Eva häufig: »Ich weiß – Gabriel hat es mir gesagt.« Rosalie hatte diese Bemerkungen immer als »imaginär« abgetan. Für Eva jedoch war Gabriel offensichtlich sehr real!

Immer noch nicht wirklich überzeugt davon, wie real Gabriel tatsächlich war, begann Rosalie dennoch, Eva sehr spezifische Fragen über die Erscheinung und Besuche des Engels zu stellen. Eva beschrieb Gabriel als einen wunderschönen, jungen weiblichen Engel mit langen braunen Haaren und herrlichen breiten Flügeln. Sie sagte, dass der Engel in den Farben Weiß und Gelb leuchtet und oft gemeinsam mit einem Deutschen Schäferhund und anderen Tieren zu ihr kam.

Die Besuche des Engels häuften sich sowohl im Traum als auch im Wachzustand, wenn Eva allein in ihrem Zimmer war. Dann sagte Gabriel der Kleinen, sie müsse keine Angst haben und dass sie ihr auf ihrem Weg helfen und ihr neue Dinge beibringen würde. Außerdem würde Gabriel ihr liebevolle Botschaften von Verwandten bringen, die gestorben waren.

Dank der Unterstützung ihrer Mutter hörte Eva auf zu weinen, während sie über die spezielle Beziehung sprach, die sie mit Engel Gabriel geformt hatte. Ein Lächeln überzog ihr kleines Gesicht, als sie sich erinnerte, dass die Botschaften, die sie hörte, nicht »schlecht« waren und dass der Engel immer an ihrer Seite sein würde. Rosalie sagt: »Danke, Erzengel Gabriel, dass du meiner Tochter hilfst und sie beschützt.«

Wie wundervoll, dass Eva eine verständige und liebevolle Mutter hat, die es versteht, sie zu beruhigen und anzuleiten.

Zu viele Menschen haben mir erzählt, dass sie als Kinder bestraft wurden, wenn sie von ihren Begegnungen mit Engeln berichteten. Einige vertrauten mir an, dass sie zu Psychiatern oder sogar in psychiatrische Kliniken gebracht wurden, nur weil sie ihren Eltern erzählt hatten, dass sie mit Engeln redeten! Ich war erfreut festzustellen, dass die Betreffenden trotz ihrer schmerzhaften Erfahrungen weiterhin an Engel glaubten. Natürlich taten sie das, denn sie *wussten*, dass die Engel wirklich existierten!

Eltern tun ihren Kindern einen großen Gefallen, wenn sie das Thema Engel zusammen mit ihnen erforschen. Ich habe sogar ein Kinderbuch geschrieben mit dem Titel *Danke, liebe Engel!*, um Eltern und Kindern zu helfen, gemeinsam darüber zu sprechen. Es ist wichtig, Kindern ein sicheres Forum zu bieten, um offen über ihre Visionen und spirituellen Erlebnisse zu reden. Ansonsten verschließen sie alles in ihrem Inneren und fühlen sich *sowohl* vom Leben als auch von der Wirklichkeit getrennt.

Klare Kommunikation

Erzengel Gabriel kann darüber hinaus die Verbindungen zwischen Eltern und Kindern stärken, indem er sie die Fähigkeit zur Kommunikation lehrt. Schließlich ist das Fundament eines Boten *klare Kommunikation*. Gabriel lehrt die Fertigkeit, Gefühle und Gedanken auszudrücken, wie eine Frau mit Namen Merle Tomson entdeckte.

Seit Merle sich erinnern kann, war Schreiben etwas, das ihr leichtfiel. Im Gegensatz dazu bereitete ihr Reden als Möglichkeit, ihre Seele total offenzulegen, Schwierigkeiten (als Resultat von Situationen in ihrer Vergangenheit sowie als eine Art Schutz).

Vor etlichen Jahren hatte Merles Mutter sie eines Tages in die Küche gerufen – auf einen Tee und um zu reden. Normalerweise wäre sie für diese Art von Einladung nicht offen gewesen, doch Merle hatte ein so starkes Gefühl, dass es ihrer Mutter wichtig war. Also ging sie in die Küche und setzte sich zu ihr. In der Regel beschränkte sich die Kommunikation zwischen Mutter und Tochter auf »Hi« und »Goodbye«, ein tiefer gehendes Gespräch hatten sie nie.

Merle erklärte:

> »In meinem Inneren rief ich Erzengel Gabriel um Hilfe, da ich nicht wusste, wie ich das Gespräch mit meiner Mutter beginnen sollte. Plötzlich war ich total entspannt und fühlte innerlich, dass alles gut war und gut sein *würde*. Ich war in der Lage, auf eine Art mit meiner Mutter zu reden, wie ich es vorher nie konnte. Während ich über meine Träume und Wünsche sprach, spürte ich, wie mich ein Gefühl wunderbarer Leichtigkeit überkam. Alle meine Worte flossen leicht und unbeschwert, obwohl ich zu Beginn keine Ahnung hatte, was ich sagen und wohin das Gespräch führen würde.
>
> Als ich über das sprach, was mir am wichtigsten war – mein Bestes zu tun, anderen zu helfen und zu versuchen, die Welt zu einem besseren Ort zu machen –, fühlte ich eine große Wärme in meinem Herzchakra. Mir schien, als hätte sich etwas in meinem Inneren geöffnet und zu heilen begonnen.
>
> Ich bin mir ziemlich sicher, dass meine Mutter auch etwas Erstaunliches gefühlt haben muss, während ich sprach. Sie war ein Mensch, der immer alles für sich behielt, anstatt darüber zu reden. Ich glaube, dass an jenem Tag in der Küche dieses Hindernis, diese innere Last, von ihren Schultern genommen wurde.«

Nachdem Merle sich ihrer Mutter total offenbart hatte, gab diese ihrerseits Dinge über die Beziehung mit ihrem Vater und andere profunde Gedanken und Gefühle preis, die sie nie zuvor zum Ausdruck gebracht hatte.

Merle ist sicher, dass diese neue Offenheit zwischen ihnen auf ihre Gebete zu Erzengel Gabriel zurückzuführen ist. Seit jenem Tag hat sich die Beziehung zwischen den beiden von Grund auf geändert.

Wenn Sie so wie Merle Schwierigkeiten haben, anderen Ihre wahren Gefühle zu zeigen, bitten Sie Erzengel Gabriel um Hilfe:

> *»Lieber Gott und Erzengel Gabriel, bitte hilf mir,*
> *anderen gegenüber liebevoll und bedacht*
> *meine Gefühle auszudrücken.*
> *Hilf mir, selbstbewusst und meiner Fähigkeiten,*
> *Emotionen und Meinungen sicher zu sein.*
> *Danke, dass du mir hilfst, in allen meinen Beziehungen*
> *offen und ehrlich kommunizieren zu können.«*

In jeder Beziehung ist es von Wichtigkeit, authentisch und ehrlich zu sein. Nur auf diese Weise ist es einem anderen Menschen möglich, Sie wirklich kennenzulernen. Wenn Sie Ihre Gefühle verbergen, um einem anderen zu gefallen oder ihn zu beschwichtigen, dann hat der Betreffende nicht wirklich eine Beziehung mit *Ihnen*, sondern mit einem fiktiven Charakter! Wenn Sie Schwierigkeiten haben, eine gesunde, wahrhafte Beziehung herzustellen, ist es unerlässlich, sich mit der Bitte um Kommunikationscoaching an Erzengel Gabriel zu wenden.

Friedliche Kommunikation

Häufig werden wir dazu aufgerufen, die Arbeit der Engel zu tun und Frieden zu bringen in unsere wechselseitigen Beziehungen mit anderen Menschen. Bei diesen Gelegenheiten arbeitet Erzengel Gabriel durch uns. Vielleicht leitet uns der Engel an, bestimmte hilfreiche Worte zu sagen. Oder er agiert hinter den Kulissen, um friedliche Lösungen zu ermöglichen. Hier ist ein Beispiel:

Troy Schmit ist das, was ich einen »Undercover-Lichtarbeiter« nenne, denn er ist zwar ein hellsichtiges Medium, arbeitet allerdings in einem Einzelhandelsgeschäft. Menschen

wie Troy bringen himmlische Hilfe in ganz alltäglichen Situationen, und niemand hat auch nur den geringsten Schimmer!

Zum Beispiel wurde eine Kundin wütend, als Troy ihr sagte, dass sie ihren abgelaufenen Coupon nicht mehr einlösen konnte. Sie bestand darauf, mit dem Manager zu sprechen, der ihr das Gleiche sagte. Die Frau wandte sich an die Nächsthöheren auf der Rangliste von Vorgesetzten, akzeptierte jedoch nie die Antwort, die man ihr gab. Troy beschloss, sich mit der Bitte an Erzengel Gabriel zu wenden, eine friedliche Kommunikation zu ermöglichen.

Plötzlich beruhigte sich die Frau, und der Geschäftsführer machte ein Zugeständnis, indem er ihr einen Discount anbot. Jetzt waren alle zufrieden, und Troy lächelte im Wissen über Gabriels Intervention.

Ich liebe Troys Geschichte, weil sie die wunderbaren Möglichkeiten zeigt, wie Gabriel heilende Botschaften übermitteln kann. Wie diese Geschichte deutlich macht, können Sie Gabriel in jeder Situation innerlich um Intervention bitten. Wenn dieser Engel – so wie alle Engel – auch nicht den freien Willen eines Menschen unterwandern kann, hat allein seine Gegenwart eine beruhigende Wirkung auf jeden in der Umgebung.

Business-Kommunikation

Es ist nicht, *was* Sie sagen, sondern *wie* Sie es sagen, was zählt. Zu erfolgreicher Kommunikation gehört, dass Sie Ihre Stimme und Energie klar genug rüberbringen, um die Aufmerksamkeit und den Respekt der anderen zu gewinnen. Das gilt vor allem in Konkurrenzsituationen, wo Angestellte sich um eine Führungsposition rangeln.

Wenn Sie jemals bei geschäftlichen Terminen anwesend waren, wissen Sie, wie verbissen Menschen um Aufmerksamkeit und Anerkennung wetteifern können. Wenn Sie also eine gute Idee haben, sollten Sie sich Gehör verschaffen, um Ihre Karriere vorwärtszubringen.

Erzengel Gabriel kann allen Menschen Hilfe leisten, deren Intentionen rein sind (anstatt egobasiert), damit ihre Ideen gehört und verstanden werden.

Zum Beispiel arbeitete eine Frau namens Saumya in der Personalabteilung eines College. Im Laufe der Jahre hatte sie dort verschiedene Positionen inne, unter anderem die Leitung von Firmenpräsentationen für Studenten, die finanzielle Planung sowie Mediation bei Strategien, Beurteilungen und Gehältern.

Ursprünglich hatte Saumya große Schwierigkeiten, ihren Standpunkt rüberzubringen – manchmal bestimmt aufzutreten und zu anderen Zeiten diplomatisch, je nach Situation. Also begann sie, vor einem Termin Kontakt mit Erzengel Gabriel aufzunehmen und ihn zu bitten, effektive und harmonische Kommunikation zum höchsten Segen aller Beteiligten zu gewährleisten. Dabei vergaß sie nie, diese letzte Bemerkung hinzuzufügen. Das Resultat war, dass Saumya nicht nur feststellte, wie überraschend positiv diese Termine abliefen, sondern dass sie zudem für die vielen Punkte, die sie auf den Tisch brachte, gelobt wurde.

Saumya erinnert sich: »Tatsächlich waren einige meiner Vorzüge, wie in meiner Beurteilung erwähnt, meine Kommunikationsgabe und Beziehung mit Kunden. Ich kann Ihnen kaum sagen, wie sehr es mich berührt hat, das zu hören. Es gab Zeiten, in denen ich das Gefühl hatte, an die Wand gefahren zu sein, und in denen ich nicht wusste, wie es weitergehen sollte. Daher verlasse ich mich heute voll und ganz auf Erzengel Gabriel für ihre kontinuierliche Liebe und Hilfe, während ich mich in meinem Beruf weiterentwickle!«

Saumyas Erfolg kam zustande, weil sie diesen Schritten folgte:

- Erzengel Gabriel um Hilfe bitten, zum Besten aller Beteiligten (ohne Ihr Ego zu involvieren).

- Loslassen bzw. zur Seite treten, damit Erzengel Gabriel aktiv werden kann (anstatt mit ihm um Macht und Kontrolle zu ringen oder gegen die göttliche Führung zu rebellieren).

- Auf intuitive Gefühle oder Gedanken achten, die Sie anleiten, auf positive Weise aktiv zu werden.

- Gott und Erzengel Gabriel bitten, Ihnen Zeichen zu geben, dass Sie ihre Führung klar und deutlich gehört haben.

- Dieser Führung ohne Zögern und Aufschub folgen.

Vorträge und Ansprachen

Umfragen zufolge löst die Vorstellung, eine Rede zu halten, bei den meisten Menschen die größte Angst aus. Sich vor ein Publikum zu stellen und zu reden ist nach Aussage von Forschern erschreckender als Tod, Scheidung oder Krankheit. Sie sind also nicht alleine, wenn Ihnen das Herz schier aus der Brust springt vor Angst, Ihre Stimme zu zittern beginnt und Ihr Hals wie zugeschnürt ist bei dem Gedanken, mit einem Mikrofon in der Hand vor einem Publikum zu stehen, dessen Augen gespannt auf Sie gerichtet sind.

Zum Glück beruhigt Erzengel Gabriel all jene, die Vorträge halten, durch die heilende Botschaften vermittelt werden. Als professionelle Rednerin habe ich mich im Laufe der Zeit in vielen Situationen wiedergefunden, die normalerweise nervenaufreibend wären. Doch jede Angst wurde dank meiner Gebete vor dem Auftritt entschärft.

Die wichtigste Botschaft, die ich dabei je empfangen habe, lautet: »Fokussiere dich auf den Segen und nicht darauf, beeindrucken zu wollen.«

Auch die Engel-Therapeutin Kristy M. Ayala, medizinisch-technische Assistentin, erfuhr den Wert von Gebeten mit der Bitte um Hilfe bei öffentlichen Vorträgen. Kristy stand bereits mit sieben Jahren auf der Bühne. Sie sang, spielte und nahm an Sprechwettbewerben teil. Sie liebte es, vor großem Publikum aufzutreten; für sie war es das Natürlichste von der Welt.

Kristys Eltern erkannten schon früh, dass dies ein natürliches Talent ihrer Tochter war und dass sie es genoss. Und so halfen sie ihr, Wege zu finden, diese angeborene Gabe zu fördern. Also nahm sie in der Grundschule weiterhin an entsprechenden Ereignissen teil. Doch mit den Jahren gab sie viele dieser Aktivitäten auf, weil ihre akademische Ausbildung all ihre Zeit in Anspruch nahm.

Schließlich ging Kristy auf eine Hochschule, wurde Universitätsprofessorin und lehrte Psychologie. Sie genoss es, in einer Umgebung zu sein, die ihr erlaubte, jeden Tag Vorträge zu geben.

Doch bald empfing sie in dieser Phase ihres Lebens immer häufiger die klare göttliche Führung, dass sie nicht länger im Bereich traditioneller Psychologie arbeiten sollte. Sie wurde angeleitet, ihre Karriere aufzugeben, und begann stattdessen, durch spirituelle Beratung und diverse Heilungsmodalitäten mit Patienten zu arbeiten.

In mancher Hinsicht war dies eine schwierige Zeit für Kristy, da sie nicht sicher war, wie sie diese neue Karriere in Gang bringen sollte. Darüber hinaus machte sie die Vorstellung traurig, ihre Studenten zurücklassen zu müssen. Jedoch wusste sie in ihrem Herzen, dass sie diese Veränderung vornehmen musste. Daher war sie entschlossen, auf ihrem Weg zu bleiben.

Nachdem sie ihre neue Laufbahn in Angriff genommen und häufig göttliche Intervention erhalten hatte, ließ Kristy sich zur Engel-Therapeutin ausbilden und lernte zu-

sätzliche Heilungsmethoden, bevor sie schließlich eine eigene Praxis eröffnete.

Kristy erinnert sich:

»Obwohl meine Arbeit mich wirklich erfüllte, gab es immer noch einen Teil von mir, der öffentliches Auftreten vermisste, und ich erkannte, dass es mir nichts nützt, wenn ich versuchte, diese Gefühle unter den Teppich zu kehren. Also bat ich Erzengel Gabriel um ihre Hilfe mit dieser Situation. Ich bat sie, in meinem Namen zu intervenieren. Für den Fall, dass es weiterhin meine Aufgabe sein sollte, in einem größeren Umfang zu lehren und Vorträge zu halten, bat ich sie, mir ein klares Zeichen zu schicken, das ich leicht verstehen konnte. Außerdem bat ich sie, mir in diesem Fall die richtigen Personen und Ereignisse zu bringen, da ich mir nicht sicher war, wie ich das Ganze angehen sollte. Ich versuchte wirklich, jeden Wunsch nach einem bestimmten Resultat aufzugeben und einfach loszulassen.

Ungefähr einen Monat später bekam ich eine E-Mail von einem Arzt in der Nähe, der von mir und meiner Arbeit gehört hatte. Er wollte wissen, ob ich bereit war, für seine Patienten einen zweistündigen Vortrag darüber zu halten, wie man Stress reduziert und ein harmonischeres Leben führt. Glücklich und voller Dankbarkeit sagte ich zu, weil ich wusste, dass dies ganz offensichtlich das Werk von Erzengel Gabriel war.

In den darauffolgenden Wochen bekam ich diverse Empfehlungen und Anrufe von Ärzten sowie Unternehmern, die mich baten, für ihre Patienten, Angestellten und Studenten Vorträge zu halten! Ich war total glücklich. Es fühlte sich einfach wunderbar an, wieder öffentlich Vorträge halten und lehren zu können sowie bei Mainstream-Events über Themen zu sprechen, die mit der Verbindung von Körper, Geist und Seele zu tun hatten.

Ich bin Erzengel Gabriel zutiefst dankbar, dass sie mich geführt und mir problemlos alle Türen geöffnet hat, damit ich diese Arbeit tun kann. Ohne ihre Hilfe, Unterstützung und kontinuierliche göttliche Intervention hätte ich es nicht geschafft.«

Ich kenne Kristy persönlich als einen überaus liebevollen, großzügigen und bescheidenen Menschen. Ich freue mich sehr, dass sie als Bote für Gottes heilende Liebe Vorträge hält. Außerdem weiß ich, dass ihr der Erfolg nicht zu Kopf steigen wird, da Kristy ihn allein Gott zuschreibt. Dies ist wichtig, weil das Ego hin und wieder dazu neigt, uns austricksen zu wollen.

Das Ego versucht uns zu überzeugen, dass wir besonders talentiert sind – mehr als andere Menschen. Doch sobald wir dem Ego erlauben, uns selbst für wichtiger und besser als andere zu erachten, verlieren wir die Fähigkeit, Gottes Stimme zu hören. Aus diesem Grund ist es wichtig, bescheiden und ausgeglichen zu bleiben, mit gesunder Selbstachtung und ausgeprägtem Selbstvertrauen. Lieben Sie sich selbst in dem Wissen, dass jeder Mensch Talente besitzt und das gleiche Potenzial hat wie Sie.

Seminarleitung

Erzengel Gabriel hilft uns, Nervosität zu überwinden und unsere Gedanken sowohl in persönlichen als auch geschäftlichen Situationen klar zu artikulieren. Tatsächlich hilft Gabriel uns auf brillante Weise bei *allen* Formen öffentlichen Redens und Lehrens. Dazu gehören Vorträge, Seminare oder Kurse, die mehr als zwei Stunden dauern und die Teilnahme der Zuhörer einschließen.

Jenny Bryans, die Engelkarten-Readings in Verbindung mit Meditation anbietet, sprach mit einer befreundeten Tänzerin über neue Möglichkeiten, ihre Arbeit bekannt zu machen. Sie hatten die Idee, Tanzen mit Meditation zu verbinden. Innerhalb einer Stunde fanden sie die passenden Räumlichkeiten, schalteten Anzeigen in der lokalen Presse und entwarfen den Plan für ein Seminar. Das war an einem Dienstag, und sie beschlossen, das Seminar am nächsten Sonntag zu präsentieren, da Jennys Freundin in der darauffolgenden Woche in den Urlaub fahren würde.

Alles ergab sich schnell und wie von selbst, bis Jenny sich mit einem Problem konfrontiert sah, das ihren Teil des Seminars blockierte. Der Samstag kam, und aufgrund dieser inneren Blockade

machte sie sich große Sorgen, ob sie ihren Teil zum Gelingen des Seminars beitragen konnte. Das war der Moment, wo ihr der Gedanke kam, Erzengel Gabriel um Hilfe zu bitten.

Jenny erinnert sich: »Ich holte Doreens Buch *Die Erzengel und wie man sie ruft* und fand die Anrufung für Gabriel. Ich schrieb meine Meditation in der festen Absicht auf, mich von Erzengel Gabriel führen zu lassen. Nach ein paar tiefen, zentrierenden Atemzügen las ich die Anrufung mit lauter Stimme und ließ mich von den Worten und der Energie erfüllen. Nach ein paar weiteren tiefen Atemzügen nahm ich einen Stift zur Hand und begann zu schreiben. Die Worte strömten durch mich hindurch, und die meiste Zeit war ich mir nicht einmal bewusst, was ich da schrieb. Ich channelte Gabriel einfach und ließ ihn durch mich

sprechen, um Meditationen zu formulieren, die den Teilnehmern den größten Segen bringen würden.«

Nach einer Stunde (die sich wie wenige Minuten anfühlte) hatte Jenny die drei Meditationen fertig geschrieben. Sie dankte Gabriel und bat ihn dann um seine Hilfe bei der Präsentation am nächsten Tag.

Jenny sagt heute: »Ich bin froh, dass ich meiner Intuition gefolgt bin, da meine Freundin und ich die Dinge bis unmittelbar vor Beginn des Seminars immer wieder änderten. Und dennoch floss alles leicht und mühelos. Ich spürte die ganze Zeit, wie Gabriel mich führte und mir half, das perfekte Timing für meine Meditationen zu finden und beim Reden und Erklären meine Worte zu führen. Das Seminar war ein großer Erfolg, und wir kamen überein, es im Herbst zu wiederholen. Heute habe ich sogar noch mehr Ideen für Kurse und Präsentationen, die mir problemlos zufließen. Und wenn der Zeitpunkt gekommen ist, diese Ideen in die Tat umzusetzen, werde ich mich definitiv mit Erzengel Gabriel in Verbindung setzen. Danke, Erzengel Gabriel, für deine Hilfe und kontinuierliche Unterstützung!«

⁂ ⁂

Weil Gabriel unbegrenzt ist, kann der Engel jedem helfen, der um Hilfe bittet bei der Übermittlung von Botschaften. Denken oder sagen Sie einfach: »Bitte führe meine Worte und Taten, damit sie allen Beteiligten zum Segen gereichen.«

Und Gabriel wird da sein, um genau dies zu tun. Dennoch sind Engel als Botschafter der Liebe Gottes an das Gesetz des freien Willens gebunden. Was bedeutet, dass es Gabriel und den anderen Engeln nicht erlaubt ist zu intervenieren, bevor wir sie nicht um ihre Hilfe bitten.

Obwohl es von Bedeutung ist, welche Worte Sie benutzen, wenn Sie mit anderen *Menschen* sprechen, geht es einem Engel mehr um die Intention und Energie hinter den Worten. Daher spielt es keine Rolle, *wie* Sie um Hilfe bitten – wichtig ist nur, *dass* Sie es tun.

Eine klare Stimme

Manchmal gehören zu einer klaren Kommunikation mehr als nur gute Wortwahl oder Selbstvertrauen. Erzengel Gabriel hilft auch jenen Personen, die Sprachstörungen oder einen starken Akzent haben.

Zum Beispiel hatte Amanda Chappel immer wieder von anderen Leuten gehört, dass sie nuschelte. Also traf sie kürzlich die bewusste Entscheidung, sich auf ihr Kehlchakra zu fokussieren und sich klar auszudrücken. Amanda erzählt:

>»Ich erinnere mich, dass ich die Engel bat, mir zu helfen, deutlicher zu sprechen. Das war für mich nichts Neues, denn ich habe die Engel schon immer um Hilfe gebeten, wenn ich irgendein Problem hatte. Kurz darauf fühlte ich mich angeleitet, ›laut zu lesen‹. Da ich normalerweise vor dem Zubettgehen lese, wenn alle anderen schon schlafen, war das kein Problem. Zunächst konnte ich kaum glauben, wie kurzatmig ich war, nachdem ich gerade mal ein paar Kapitel gelesen hatte.
>
> Als ich schließlich flüssig und ohne Atemnot laut lesen konnte, fühlte ich mich angeleitet, ›mit dem Singen anzufangen‹. Ich habe schon immer im Auto gesungen, wenn ich unterwegs war, oder alleine zu Hause, wenn Musik im Radio lief. Es ist unglaublich, wie klar und voll und deutlich meine Stimme heute ist. Sogar andere haben festgestellt, dass ich mittlerweile viel artikulierter spreche. Und ich weiß genau, wem ich das verdanke, da ich ihren Namen ständig überall sehe: Es ist Erzengel Gabriel.«

Ich habe im Laufe der Zeit viele wunderbare Menschen kennengelernt, die genau wie Amanda frustriert waren bei dem Versuch, mit anderen verbal zu kommunizieren. In meinen Seminaren habe ich mit talentierten Heilern und Lehrern gearbeitet, die eingeschüchtert waren, weil Englisch (oder die Hauptsprache des Landes, in dem sie leben) nicht ihre Muttersprache ist. Diese begnadeten Menschen können ihre Arbeit nicht tun, weil sie fürchten, dass andere sie nicht verstehen oder dass sie nicht in der Lage sind, die richtigen Worte zu finden.

Diese Hürden können mit der Hilfe von Erzengel Gabriel überwunden werden, wie Amandas anrührende Geschichte zeigt. Zudem ist ihre Geschichte ein Beispiel dafür, wie allein schon Gabriels Name ein Zeichen für die Gegenwart des Engels ist. Das nächste Kapitel wird sich näher mit diesem Thema beschäftigen.

≋ ≋ ≋

Kapitel Sechs

GABRIELS NAME UND ANDERE ZEICHEN DES HIMMELS

Die Engel sind weder geheimnisvoll noch scheu. Sie wollen, dass wir persönlich und global um ihre Präsenz wissen. Sie wissen, dass wir uns entspannen und sicher fühlen, wenn wir erkennen, dass sie real sind.

In meinen früheren Büchern, in denen es um bestimmte Erzengel ging (*Erzengel Michael* und *Erzengel Raphael*), habe ich darüber gesprochen, wie sie jeweils individuelle Zeichen ihrer Anwesenheit schicken. Erzengel Michael zum Beispiel wird hilfreiche Personen schicken, die Michael heißen, während Erzengel Raphael Sie zu Ärzten mit Namen wie Dr. Raphael führen wird – und so weiter.

Daher überrascht es nicht, dass Erzengel Gabriel es genauso hält. Wenn Sie aktiv mit Gabriel arbeiten oder momentan seine Hilfe empfangen, werden Ihnen wahrscheinlich ungewöhnlich viele Menschen begegnen, die Gabriel, Gaby oder Gabriele heißen. Dabei handelt es sich nicht um zufällige Begegnungen; vielmehr schickt der Himmel Ihnen Zeichen, um Ihre Gefühle zu bestätigen und Ihr Vertrauen in das Göttliche zu stärken.

Gertrud Polonyi zum Beispiel wusste schon immer, dass Engel sie beschützten, doch seit 2009 begannen sich deutliche Zeichen ihrer Präsenz bemerkbar zu machen. Es war eine schwierige Zeit in Gertruds Leben, und sie bat die Engel häufig um Hilfe und betete um ihre Liebe.

Ungefähr zu dieser Zeit lernte Gertrud immer häufiger Personen kennen, die Gabriel oder Gabrielle hießen. Auch hörte sie häufig ein bestimmtes Lied im Radio, das ihr großen Trost spendete – so als gelte es ihr persönlich und würde nur für sie gespielt. Es stellte sich als der Song »Gabriel« von der englischen Band »Lamb« heraus. In jenem Sommer ging Gertrud mit ein paar Freunden auf ein Festival, wo zu ihrer Überraschung als letzte Gruppe »Lamb« auftrat. Und der letzte Song, den sie spielten, war natürlich »Gabriel«.

Gertrud erzählt: »Ich sehe es noch deutlich vor mir, wie sich die Atmosphäre total veränderte – von Partystimmung und 1000 Leuten, die Spaß hatten und tranken, zu einem Gefühl totalen Einsseins. Es war eine verblüffende Veränderung – zutiefst spirituell. Als der Song vorbei war, klatschten und jauchzten alle vor Begeisterung, ich eingeschlossen, bevor wir gemeinsam in ein vielstimmiges ›Om‹ ausbrachen, was ungefähr eine halbe Stunde anhielt. Es war einfach fantastisch, und die Tränen liefen mir übers Gesicht.«

2010 begannen Gertruds Schwierigkeiten mit ihrer physischen Gesundheit, und 2011 wurde es so richtig schlimm. Eines Tages, als sie gerade in einem Buchladen war, wurde ihr plötzlich total schwindlig, und sie spürte, dass sie im nächsten Moment in Ohnmacht fallen würde. Dann hörte sie eine Stimme in ihrem Kopf, die sagte: »Es ist okay, mach dir keine Sorgen. Geh einfach irgendwohin, wo du was trinken kannst. Setz dich hin und ruh dich ein Weilchen aus.«

Es gelang ihr, sich zu einem in der Nähe liegenden Café zu schleppen. Und nachdem sie einen Chai bestellt hatte, setzte sie sich an einen Tisch vor einem Fenster, das auf die Straße hinausging. Sie zitterte am ganzen Körper und hatte Schwierigkeiten durchzuatmen, und das Einzige, was sie tun konnte, war beten.

»Bitte helft mir, Engel, bitte helft mir!«, flehte Gertrud.

Ein paar Augenblicke später hielt ein blauer Lastwagen genau vor dem Fenster, wo sie saß. Verblüfft sah sie den Schriftzug auf der Seite des Wagens: In riesigen weißen Buchstaben stand da GABRIEL.

»Plötzlich musste ich lachen«, erinnert sich Gertrud. »Ich hätte kein klareres Zeichen von Erzengel Gabriel kriegen können! Ich fühlte, wie mir Schauer durch den ganzen Körper liefen, und ich wusste, dass sie bei mir war. Zu meiner Überraschung verschwanden meine Schwindelgefühle auf der Stelle, und ich fühlte mich ruhig und von Frieden erfüllt. Endlich konnte ich wieder durchatmen. Ich muss immer lächeln, wenn ich daran denke, wie einfallsreich die Engel sind. Was sie alles arrangieren müssen, um dafür zu sorgen, dass wir im richtigen Moment am richtigen Ort sind, um ihre Botschaften und Zeichen empfangen zu können!«

Wie ich bereits erwähnt habe, bedeutet Gabriels Name auf Hebräisch »die Stärke/Kraft Gottes«. Allein die Schwingung des Namens strahlt Kraft aus. Und als Gertrud ihn sah, bestätigte dies nicht nur, dass der Engel ihr half – seine Energie untermauerte auch ihre eigene Kraft!

Wenn *Sie* mehr Kraft brauchen, wiederholen Sie den Namen *Gabriel* laut oder in Ihrem Inneren.

Kindernamen

Meine Forschungen haben mir gezeigt, dass Gott und unsere Engel uns helfen, schon vor der Geburt bestimmte Einzelheiten unseres Lebens zu entwerfen. Wir wählen sowohl das für uns in diesem Leben perfekte Geschlecht, physische Eigenschaften, Eltern und Geburtsort als auch andere Details, die unsere Lebensaufgabe unterstützen. Darüber hinaus wählen wir den für uns perfekten Vornamen.

Unser Vorname hat eine Wirkung auf uns. Verhaltens- und Unternehmensforscher haben festgestellt, dass Personen mit bestimmten Vornamen eher geneigt sind, Mathematik und Wissenschaft zu studieren. Andere Namen bewirken, statistisch gesehen, eher, dass deren Träger erfolgreiche Führungskräfte werden.

Das Wichtigste ist jedoch, dass Ihnen Ihr Vorname *gefällt*. Wenn Sie mit Ihrem Namen im Einklang sind und ihn mögen, ist es, als würden Sie jedes Mal eine harmonische Note hören, wenn ein anderer Ihren Namen ausspricht oder Sie ihn irgendwo lesen. Sagt Ihnen Ihr Name jedoch nicht zu, werden Sie jedes Mal leise zusammenzucken, wenn Sie ihn hören.

Ich glaube, dass der Himmel potenziellen Eltern »sagt«, welchen Namen sie dem Baby geben sollen. Auf diese Weise wird dafür gesorgt, dass der Name auf der Schwingungsebene mit der Lebensaufgabe des Kindes übereinstimmt. Wenn die Eltern sich über diese intuitive Information hinwegsetzen – oder sie gar nicht erst hören –, wird das Kind seinen Namen nicht mögen oder durchs Leben gehen, ohne sich damit verbunden zu fühlen. Der oder die Betreffende wird das Gefühl haben: *Das ist nicht mein richtiger Name!* – und später seinen Namen ändern.

Da Eltern allgemein spirituell sensitiver und bewusster werden, höre ich immer öfter Geschichten wie die folgende von einer Frau namens Lourdes Valencia: ·

Lourdes und ihrem Ehemann fiel es schwer, sich auf einen Namen für ihr ungeborenes Kind zu einigen. Dann hatte Lourdes einen klaren und luziden Traum, in dem sie eine Stimme sagen hörte: »Sein Name ist Gabriel, nach mir benannt.« Zu diesem Zeitpunkt hatte Lourdes noch kein Ultraschallbild machen lassen und wusste nicht, ob das Baby in ihrem Bauch ein Junge oder ein Mädchen war. Daher war sie überrascht zu hören, wie die Stimme sich auf ihr Kind bezog, indem sie das Fürwort *er* benutzte.

Am nächsten Morgen erzählte Lourdes ihrem Mann von dem Traum. Bevor sie den Namen sagen konnte, erwähnte ihr Mann, dass auch er mit einem Gefühl hinsichtlich eines bestimmten Namens aufgewacht war. Also beschlossen sie, die Namen auf ein Blatt Papier zu schreiben und sich gegenseitig zu zeigen. Als sie die Blätter tauschten, waren sie verblüfft zu sehen, dass sie beide den gleichen Namen aufgeschrieben hatten: Gabriel! Und so nannten sie ihren Sohn, der im Oktober 2002 zur Welt kam.

Der Engel sorgte dafür, sowohl die Mutter als auch den Vater wissen zu lassen, welcher Name am besten zu ihrem Kind passte. Und zum Glück hörten sie auf die himmlische Empfehlung!

Bemerkenswert an dieser Geschichte ist auch die Tatsache, dass Gabriels Mutter einen Namen hat, der mit Mutter Maria verbunden ist. Lourdes ist, wie Sie wissen, der berühmte Ort im Süden von Frankreich, wo die heilige Bernadette ihre Vision der gesegneten Mutter hatte. Bernadette erhielt die Anweisung von Mutter Maria, in der Erde zu graben, wo sie eine heilende Quelle fand. Bis heute sind in Lourdes etwas 70 Wunderheilungen bestätigt worden, die mit der Quelle zusammenhängen, und viele weitere, unbestätigte Heilungen wurden gemeldet.

Daher ist dies eine ganz besonders schöne Geschichte, da der Name von Gabriels Mutter Lourdes lautet und Mutter Maria und Erzengel Gabriel so für immer vereint sind.

Folgen Sie den Hinweisen auf Gabriels Namen

Viele Menschen, die Botschaften und Führung von Erzengel Gabriel empfangen, sagen mir, dass der Engel ihnen Hinweise in Form seines Namens schickt.

Hier ist ein Beispiel von einer Frau namens Elle:

Als Elles Beziehung auseinanderbrach, bat sie Erzengel Gabriel oft um Hilfe, die sie auch erhielt. Elle hatte den Verdacht, dass ihr Partner sie betrog, also wandte sie sich

an Erzengel Gabriel. Sie wurde angeleitet, die Facebook-Seite ihres Partners zu checken, wo sie sah – und es kam ihr wie eine Ironie vor –, dass eine Frau mit Namen Gabby (Kurzform von Gabriele) intime Botschaften geposted hatte. Als Elle ihren Partner fragte, gab er zu, sie mit Gabby betrogen zu haben.

Todunglücklich wandte sie sich erneut an den Erzengel mit der Bitte, ihr zu helfen. Im nächsten Moment hörte sie einen Song im Radio mit dem Text: »Count yourself lucky she's taken him off your hands!« (»Sei froh, dass sie dich von ihm befreit hat!«) Und plötzlich spürte Elle ein Gefühl der Erleichterung, dass sie den Mann los war.

Dann folgte Elle einer Eingebung, nahm Kontakt mit einer alten Freundin auf und war entzückt zu hören, dass sie ihren Namen geändert hatte und jetzt Gabriele hieß! Ihre Freundin gab Elle ein Orakelkarten-Reading, das den Entschluss, ihren untreuen Partner zu verlassen, unterstützte.

Und am nächsten Tag lernte Elle in ihrer Firma einen Mann kennen, der – Sie haben es erraten – Gabriel hieß.

Elle stieß einen tiefen Seufzer der Erleichterung aus und erkannte, dass alle diese Zeichen von Erzengel Gabriel sie wissen ließen, dass sie behütet und beschützt war.

Erzengel Gabriel als »Schutzengel«

Da Gabriel ein grenzenloses Wesen ist, kann er simultan bei jedem sein, der ihn um Hilfe bittet, ohne seine Kraft oder Effizienz einzubüßen. Manchmal bleiben Erzengel (einschließlich Michael, Raphael und Gabriel) bei bestimmten Personen, genauso wie Schutzengel es tun würden. Anstatt zu kommen und zu gehen, bleibt der Erzengel kontinuierlich an der Seite dieses Menschen. Der Grund dafür ist in der Regel darin zu suchen, dass die Lebensaufgabe des Betreffenden mit der Spezialität dieses bestimmten Erzengels übereinstimmt.

Sie müssen nicht »etwas Besonderes«, »ausgewählt« oder wie ein Heiliger sein, um einen Erzengel als ständigen Beschützer an Ihrer Seite zu haben. Sie müssen einfach nur eine göttliche Lebensaufgabe haben, die von der Unterstützung des jeweiligen Erzengels profitiert. Wenn Sie um einen bestimmten Erzengel als ständigen Begleiter bitten, so wird dieser Ihrer Bitte nachkommen. Um es noch einmal zu betonen: Einen Erzengel als Schutzengel an der Seite zu haben nimmt diesem himmlischen Wesen nicht seine Fähigkeit, anderen zu helfen, da Erzengel äußerst machtvoll und unbegrenzt sind.

Im Laufe der Jahre bin ich vielen Menschen begegnet, die Erzengel Gabriel ständig an ihrer Seite haben. Normalerweise handelt es sich um eine Person, zu deren Lebensaufgabe eine von Gabriels Spezialitäten gehört: die Arbeit mit Kindern oder die Übermittlung von Botschaften.

Die Engelslehre besagt, dass »Schutzengel« und »Erzengel« auf zwei verschiedenen Schwingungsfrequenzen existieren. Erzengel sind machtvoller und haben eine höhere Frequenz und Position als Schutzengel. Sie sind die Aufseher oder Manager der Schutzengel. Jeder Mensch hat einen Schutzengel, doch nicht jeder hat einen Erzengel als ständigen Begleiter. Wenn wir also sagen, dass ein Erzengel ein Schutzengel ist, meinen wir damit, dass der Erzengel als ein ständiger Beschützer fungiert.

Wie können Sie einerseits wissen, ob ein Erzengel bei Ihnen ist, und andererseits die Namen Ihrer Schutzengel kennen? Ganz einfach: Fragen Sie Ihre Engel!

Beruhigen Sie Ihren Geist, indem Sie die Augen schließen und ein paar tiefe Atemzüge nehmen. Dann sagen Sie (mit lauter Stimme oder innerlich):

»Schutzengel, bitte nennt mir eure Namen.«

Achten Sie auf den oder die ersten Namen, die Ihnen in den Sinn kommen. Vielleicht denken Sie an einen Namen oder hören oder sehen ihn. Ein Mann namens Edgar Munoz erhielt die Antwort in einem Traum:

Edgar begann eines Tages, bewusst nach dem Namen seines Schutzengels zu fragen. Kurz darauf hatte er einen klaren, luziden Traum, der seine Frage beantwortete!

Er erinnert sich: »Ich befand mich in einem großen weißen Raum. An der hinteren linken Seite des Raumes schwebte ein Engel in der Luft, gekleidet in ein halb durchsichtiges weißes Gewand mit kurzem blondem Haar. Ich schaute in seine blauen Augen, aber er sagte kein Wort. Doch kannte er meine Frage, denn nach einem kurzen Moment erschienen noch zwei weitere Engel, indem sie sich von links nach rechts durch den Raum bewegten. Jeder Engel hielt eine Ecke eines rechteckigen Marmorsteins in der Hand, auf der in roten Buchstaben wie mit einer Feder ein Name geschrieben stand: *Gabriel*.«

Edgar wachte tief berührt und glücklich aus diesem Traum auf, den er nie vergessen wird!

🙠 🙠

Häufig beantworten die Engel unsere Fragen durch Träume, denn das ist die Zeit, wo das Ego schläft (der Teil von uns, der ängstlich und skeptisch ist). Tatsächlich ist es sehr effektiv – wie ich bereits kurz in Kapitel 3 erwähnt habe –, vor dem Einschlafen an eine Frage für Gott und Ihre Schutzengel zu denken. Sie werden im Traum definitiv eine Antwort bekommen. Vielleicht erinnern Sie sich nach dem Aufwachen nicht so klar daran wie Edgar. Dennoch wird die Antwort in Ihrem Unterbewusstsein gespeichert sein und von dieser Ebene aus Ihre weiteren Schritte führen und unterstützen.

In der nächsten Geschichte empfing eine Frau, die hörte, dass Gabriel ihr Schutzengel war, weitere Kommunikation in ihren Träumen.

Patrizia hatte ein Seminar besucht, in dessen Verlauf sie sich angeleitet fühlte, nach dem Namen ihres Schutzengels zu fragen. Als sie den Namen »Gabriel« hörte, war sie überrascht, da sie den Erzengel nur als eine biblische Figur kannte. Außerdem war Patrizia gerade durch eine sehr schwierige Zeit gegangen, die ihren Glauben erschüttert hatte.

Als Patrizia nach dem Seminar nach Hause ging und ihrer Familie von ihrer Engelserfahrung erzählte, zeigte ihre zweijährige Tochter Vanessa, die mit Engeln in Kontakt war, ihrer Mutter, wie sie Gabriels Stimme hören könnte. Patrizia erzählt:

> »Ich war total blockiert aufgrund der großen Angst, die ich durch die Erziehung meiner Eltern von frühester Kindheit an in mir fühlte. Irgendwann schlief ich ein, und im Traum konnte ich die Stimme sagen hören: ›*Du musst keine Angst vor mir haben. Ich werde dir nicht wehtun.*‹ Es war die wunderschönste Stimme, die ich je gehört hatte, denn sie war reine Liebe und klang wie Musik. Noch heute kommen mir die Tränen, wann immer ich mich an Gabriels Stimme erinnere.
>
> Die Fähigkeit, mit Erzengel Gabriel zu kommunizieren und Botschaften von ihm zu empfangen, hat mir Kraft, Mut und große Hoffnung geschenkt. Es hat mich getröstet, beruhigt und mir außerdem die Möglichkeit gegeben, das übergeordnete Bild zu sehen und zu erkennen, warum Dinge um uns herum passieren.«

Viele Menschen können Patrizias Ängste verstehen. Wenn Sie in dem Glauben aufgewachsen sind, dass nur religiöse Autoritäten zu Gott und den Engeln sprechen können, haben Sie eventuell Angst davor, es selbst zu tun, und fürchten vielleicht, Gott zu beleidigen oder niedere Energien anzuziehen.

Diese Ängste sind verständlich, und natürlich wollen wir unterscheiden können, wenn es darum geht, mit der

Geistwelt zu kommunizieren. Das ist der Grund, warum wir uns auf Gottes himmlische Engel fokussieren, einschließlich unseres geliebten Erzengels Gabriel.

Jeder ist qualifiziert, mit Gott und den Engeln zu reden, und hat es verdient, gehört zu werden. Stellen Sie sich nur vor, wie wunderbar und friedlich diese Welt wäre, wenn wir alle kontinuierlich beten und unserer göttlichen Führung folgen würden!

🦌 🦌

Erzengel Gabriel hilft allen Menschen, auch jenen, die nicht vertraut sind mit diesem speziellen Engel, wie die folgende bemerkenswerte Geschichte zeigt.

Izumi aus Japan hatte von Engeln gehört, doch zu Hause nie genauere Einzelheiten darüber erfahren. Eines Tages las sie irgendwo die Worte: »Wenn du den Namen deines Schutzengels wissen willst, frag einfach.«

Also tat Izumi genau das, und der Name Gabriel kam ihr in den Sinn.

Izumi hatte zuvor noch nie von diesem Engel gehört, weil sie nicht im christlichen Glauben aufgewachsen war und weder etwas über die Weihnachtsgeschichte noch die Verkündigung wusste.

Izumi erinnerte sich: »Ich war total überrascht, dass ich tatsächlich den Namen des Engels hörte. Da habe ich zum ersten Mal begriffen, dass tatsächlich Engel um mich herum sind. Dieses Erlebnis war der Anlass, dass ich mich für Engel zu interessieren begann und mehr über sie erfahren wollte.«

🦌 🦌

Ja, Erzengel Gabriel kann und wird Ihnen gleich jetzt, in diesem Augenblick, helfen, wenn Sie ihn darum bitten. Ihre Bitte könnten Sie wie folgt formulieren:

»Lieber Gott und Erzengel Gabriel, danke für deine Führung, die mir hilft, mich klar und ehrlich auszudrücken,

mit liebevollen und artikulierten Worten, die andere Menschen
hören und sich zu Herzen nehmen. Bitte lass alle Formen
meiner Kommunikation jedem, der sie hört oder liest,
Heilung und Segnungen bringen. Amen.«

Im nächsten Kapitel werden wir näher erforschen, was es heißt, einer von Erzengel Gabriels professionellen Boten zu werden.

≈ ≈ ≈

Kapitel Sieben

GABRIELS PROFESSIONELLE BOTEN

Wir haben bereits gesehen, wie Erzengel Gabriel Schriftsteller in ihrer Arbeit als Boten Gottes unterstützt und Menschen führt, die mittels des gesprochenen Wortes kommunizieren.

Ich habe festgestellt, dass jeder, der andere Menschen inspiriert oder lehrt, Erzengel Gabriels liebevolle Unterstützung empfangen kann. Zum Beispiel verschönern Künstler mit ihren kreativen Projekten die Welt und bringen heilende Energie. Ihre Kunstwerke vermitteln eine spezielle Botschaft.

Darstellende Künstler als heilende Boten

Menschen, die im Bereich der darstellenden Kunst tätig sind (Schauspieler, Komiker und so weiter) können heilende Boten sein. Ihre Arbeit inspiriert zu Lachen, Tränen und neuen Ideen, was eine therapeutische Wirkung hat.

Daher macht es Sinn, dass Erzengel Gabriel sich um alle Arten von Boten kümmert und für sie sorgt. In gewisser Weise betrachte ich Boten in Menschenform als Teil von Erzengel Gabriels himmlischem Team.

Zum Beispiel hatte der Erzengel Shivani Sharma kontinuierlich bei ihrer Arbeit als Schauspielerin geholfen, und es gab eine bestimmte, unvergessliche Nacht, als der Erzengel ihr zu Hilfe kam.

Sie spielte sechs aufeinanderfolgende Abende ein Stück, und am letzten Abend kamen Shivanis Familie und Freunde, um sie auf der Bühne zu sehen. Obwohl sie nie nervös war, wenn sie vor Fremden spielte, hatte sie immer Schmetterlinge im Bauch, wenn sie wusste, dass ihre Lieben im Publikum saßen. Als Resultat geriet sie fünf Minuten vor ihrem extrem intensiven und emotionalen Monolog in Panik.

Shivanis Mitspieler, die sie backstage nur als ruhige und zentrierte Kollegin kannten, fragten sie, was los sei, und sie erzählte ihnen von ihrer Nervosität und dem Grund dafür. Sie versuchten alles, um sie zu beruhigen, doch egal was sie sagten, die Schmetterlinge in ihrem Bauch flatterten munter weiter.

Shivani erinnerte sich:

»Die Zeit für meinen Auftritt kam, also ging ich zu meinem Ausgangspunkt auf der Bühne, gleich hinter einem Vorhang. Ich hatte noch genau zwei Minuten bis zu meinem Monolog. Mein Herz raste, und meine Handflächen waren schweißnass. Ich bin daran gewöhnt, in verzweifelten Momenten meine Engel um Hilfe zu rufen. Also versuchte ich sofort, an einen Erzengel zu denken, der mit Kommunikation und den Künsten assoziiert ist. Mir fiel ein, was ich über

Erzengel Gabriel gelesen hatte, also rief ich innerlich:
›Erzengel Gabriel! Bitte hilf mir! Ich bin völlig fertig
mit den Nerven!‹

Im nächsten Moment fühlte ich rechts von mir
eine starke Präsenz und gleich danach ein Gefühl der
Ruhe. Ich merkte, wie ich lange, tiefe Atemzüge nehmen wollte; und während ich dies tat, kamen mir sofort vier Worte in den Sinn: *Sei einfach du selbst.* Ich
wusste genau, was diese Worte bedeuteten. Ich selbst

zu sein hieß, eine Schauspielerin zu sein, die der Rolle, die ich darstellte, gerecht werden konnte. Ohne sich ablenken zu lassen von irgendjemandem im Publikum – wer immer es auch sei. Mit diesem Wissen betrat ich die Bühne.«

Shivani sprach ihren Monolog voll köstlichen Selbstvertrauens. Ihre Stimme war stark, klar und fest. Sie war in der Lage, sich so gut zu konzentrieren, dass sie das Gefühl hatte, als würde ihr eigenes Ich in den Hintergrund treten. Fast als würde sie zu dem Charakter werden, den sie darstellte. Als sie nach dem Monolog die Bühne verließ, riefen ihre Kollegen begeistert aus: »Fantastische Arbeit!«, und auch ihre Familie und Freunde kamen backstage und gratulierten ihr.

Shivani erinnert sich: »Das war ein einmaliger Moment in meiner Laufbahn als Schauspielerin, der ein totales Desaster hätte werden können, wenn Erzengel Gabriel nicht eingegriffen hätte! Heute zögere ich keine Sekunde und bitte sie jedes Mal um Hilfe, bevor ich auf die Bühne gehe!«

꙳ ꙳

Erzengel Gabriel ist der ultimative Agent, Manager und Coach für Künstler, die heilende Botschaften mitteilen wollen. Im Laufe der Jahre habe ich Geschichten über Gabriel gehört, wie sie männlichen und weiblichen Schauspielern half, Rollen und andere Möglichkeiten zu finden, ihre Kunst zum Ausdruck zu bringen. Schließlich können heilende Energie und Botschaften auch durch Theaterstücke, Filme und Fernsehshows übermittelt werden.

Schauspielerin und Malerin Lisa Borchel wusste, dass ihre Lebensaufgabe darin bestand, durch Kunst und Schauspiel zu lehren und Heilung zu bringen. In ihren Zwanzigern ignorierte sie diese Tatsache, weil sie zu große Angst hatte, nicht genug Geld verdienen zu können. Doch als sie älter wurde und es mit anderen Beschäftigungen versuchte, hatte sie eines Tages einen Moment spirituellen Erwachens und fühlte, dass sie nach Los Angeles gehen und sich einen Schauspieltrainer suchen musste.

Sobald sie in der Stadt der Engel angekommen war, bat Lisa den Himmel um ein Zeichen, ob sie dauerhaft in L.A. bleiben sollte. Am letzten Abend vor ihrer Heimreise ging sie mit ein paar Bekannten in eine Kneipe. Als sie in der Schlange vor der Damentoilette stand, kam ein Latino auf sie zu und sagte: »Hi, ich heiße Gabe.«

Lisa konnte nicht verstehen, was er sagte, also wiederholte er: »Ich bin Gabe, wie in Gabriel.« Und als der Mann Lisas Hand in die seine nahm, fühlte sie umgehend Liebe und Wärme und sah kupferfarbene und weiße Blitze vor ihren Augen.

Lisa sagte dazu: »In dem Moment wusste ich immer noch nicht, dass es Erzengel Gabriel war, jedoch dann fragte er mich, ob ich nach L.A. ziehen würde. Das war genau das Zeichen, das ich gesucht hatte, und am nächsten Tag begann ich, meinen Umzug nach L.A. vorzubereiten.«

🙵 🙵

Wie oft hat ein Theaterstück oder ein Film Sie inspiriert oder zur Folge gehabt, dass Sie das Leben mit neuen Augen sehen? Vielleicht hat eine besonders inspirierende Aufführung sogar Ihr Leben verändert. Das ist Gottes heilende Energie, die durch die Darbietung des Künstlers gechannelt wird.

Zu jedem Schauspiel, jedem Film und jeder Fernsehshow gehören Boten, die hinter den Kulissen tätig sind und heilende Informationen übermitteln.

Rhiannon Seals zum Beispiel arbeitet backstage im Theater und hilft Schauspielern, sich auf ihren Bühnenauftritt vorzubereiten. Rhiannon hatte seit jeher hellsichtige Fähigkeiten. Im Laufe ihres Lebens hat sie schon sehr viele Botschaften empfangen. Allerdings lernte sie auf die harte Tour, diese Botschaften nicht mit anderen zu teilen, da sie nur selten positiv aufgenommen wurden.

Doch eines Abends wagte Rhiannon das Risiko und gab den anderen eine Botschaft von Erzengel Gabriel weiter. Dadurch wurde sie zu einem Kurier des Botenengels, und letzten Endes war es ein Segen für alle!

Rhiannon erinnert sich an dieses Erlebnis: »Als ich hinter der Bühne einer Schauspielerin in ihr voluminöses Kostüm half, hörte ich plötzlich einen schrillen Ton in meinem rechten Ohr, was immer ein Zeichen für Botschaften von Gabriel ist.«

Als Nächstes sah Rhiannon eine Vision des Engels, wie er hinter der Schauspielerin stand.

»Ich wusste, dass Gabriel eine Botschaft für mich hatte, die ich dieser Frau weitergeben sollte, also fing ich vorsichtig damit an. Als Erstes fragte ich sie, ob sie an Engel glaubte. Als sie diese Frage bejahte, sagte ich ihr, dass Erzengel Gabriel hinter ihr stand.« Rhiannon erklärte, wie Gabriel Boten hilft, einschließlich Künstlern und Schauspielern.

Dann gab Rhiannon die Botschaft von Gabriel an die Frau weiter: »Sie möchte dir beim Vorsprechen helfen und dich unterstützen, damit du die gewünschte Rolle kriegst. Sei furchtlos und kühn, und du wirst deine Belohnung bekommen.«

Sobald Rhiannon diese Worte gesagt hatte, erschien Erzengel Gabriel noch einmal hinter der Schauspielerin und stärkte ihr Selbstvertrauen. Als Rhiannon ihr das sagte, bekam die Frau eine Gänsehaut und brach in Tränen aus.

Eine Woche später berichtete die Schauspielerin Rhiannon: »Ich wollte Ihnen sagen, was passiert ist, nachdem Sie mir von Ihrer Vision erzählt haben. Letzte Woche war ich beim Vorsprechen, und bevor die Reihe an mich kam, dachte ich an Ihre Worte. Ich war nervös, doch dann beschloss ich, meine Ängste loszulassen und die Furchtlosigkeit zu verkörpern, von der Sie gesprochen hatten. Ich ging auf die Bühne und lieferte das beste Vorsprechen meiner bisherigen Laufbahn ab, und es fühlte sich fantastisch an! Heute Abend dann erhielt ich eine E-Mail von dem Regisseur, der mir mitteilte, dass ich die Hauptrolle bekommen habe!«

Sie fuhr fort und sagte, dass diese Rolle ihre Traumrolle war und dass sie das Gefühl hatte, die Hilfe von Erzengel Gabriel war der Grund, warum sie die Rolle bekommen hatte.

❧   ❧

Theateraufführungen sind gemeinschaftliche Projekte und erfordern die Expertise vieler verschiedener Menschen, die zusammenarbeiten. Wenn auch die Schauspieler und Schauspielerinnen die meiste Aufmerksamkeit bekommen, ist es oft die Crew hinter den Kulissen, die für den Erfolg einer Produktion entscheidend ist.

In allen Geschichten, die ich bezüglich Erzengel Gabriels Hilfe im Bereich der darstellenden Künste erhalten habe, gibt es stets einen roten Faden zielgerichteter Botschaften, die das Stück vermittelt. Gabriel hilft allen Boten, die reine Absichten haben, zu helfen, zu heilen und zu inspirieren.

Versagensängste vor einem öffentlichen Auftritt sind normal. Doch sind diese Ängste allein auf das Ego zurückzuführen und seine Angst, das Publikum zu enttäuschen. Der Fokus des Ego ist kontinuierlich auf die negative Frage »Was ist, wenn …?« gerichtet, und häufig werden diese Ängste zu sich selbst erfüllenden Prophezeiungen.

Also hebt Gabriel uns aus unserem Ego heraus, damit in allen Vorführungen heilende Botschaften übermittelt werden können. Diese Botschaften beglücken nicht nur das Publikum, sondern auch die Person, die sie vermittelt.

Trish Grunz, die sowohl Theater lehrt als auch Theaterregisseurin und aktive Stand-up-Komikerin ist, bittet oft Erzengel Gabriel vor einem Auftritt um Hilfe und hat jedes Mal sofort das Gefühl, dass alles gut laufen wird. Sie bittet um Kraft und betet darum, dass das Publikum ihren Auftritt genießen und während ihrer gemeinsamen Zeit alle eventuellen Probleme vergessen wird.

Trish sagt: »Der Austausch von Energie zwischen mir und dem Publikum verblüfft mich jedes Mal aufs Neue. Es gibt mir ein Gefühl der Ehrfurcht, da ich weiß, dass Gabriel bei mir ist.«

Bildende Künstler als Boten

Bis jetzt haben wir uns mit Boten-Laufbahnen beschäftigt, die mit Worten zu tun haben, entweder in Form von Büchern, Theaterstücken und Filmen – oder durch verbale Kommunikation. Doch manche Menschen übermitteln ihre Botschaften ohne Worte, mithilfe der bildenden Künste.

Ich glaube, Sie werden mir alle zustimmen, wenn ich behaupte, dass Kunstwerke die Seele aufwühlen und inspirieren können. Bummeln Sie genauso gerne wie ich durch Museen und Kunstgalerien? Menschen, die malen können, bringen Gottes Schönheit durch die Magie der Alchemie zum Ausdruck (was der Grund ist, warum Sie so viele Gemälde und Bilder von Erzengel Gabriel in diesem Buch finden). Bei meinen Orakelkarten-Decks und Buchumschlägen arbeite ich oft mit professionellen Malern. Alle Künstler, mit denen ich in Kontakt gekommen bin, haben sich der Integrität ihrer Kunst verpflichtet. Sie malen zielgerichtet und mit Liebe.

Eine Malerin namens Pamela Nielsen hat mir die folgende Geschichte geschickt:

»Im Jahre 2003 begann ich zu malen. Mehrere Jahre später fiel mir Ihr Buch *Die Erzengel und wie man sie ruft* in die Hände, und da stand was von Engeln, die Künstlern helfen. Als ich die Engel anrief, sah ich vor allem ein mentales Bild von Erzengel Gabriel, der sich rechts von mir befand. Ich war gerade dabei, neue Bilder für ein riesiges Hotelprojekt in Las Vegas zu malen. Auf der Autofahrt dahin bemerkte ich Gabriel, der mit im Auto war. Als ich mit der Kreation neuer Werke begann, konnte ich seine Gegenwart hinter meiner rechten Schulter sehen und fühlen, wie er mir bei meinen Kreationen half. Tatsächlich fühle ich seine Präsenz ständig, auch zwischen meinen künstlerischen Projekten. Er ist auf jedem Schritt meiner Karriere an meiner Seite.«

Vor Kurzem erhielt Pamela den Auftrag für ein großes Originalgemälde. Sie bat Erzengel Gabriel, ihr bei der Auswahl der Farben, Form und Stimmung des Gemäldes behilflich zu sein, damit es mit der Energie und dem Zuhause des Klienten harmonieren würde. Der Erzengel sagte Pamela immer, sie solle sich keine Sorgen machen und dass sie wissen würde, wann die richtige Zeit gekommen sei, um mit der Arbeit an diesem Bild zu beginnen. Pamela hat inzwischen gelernt, diesem kreativen Prozess zu vertrauen, der aus ihrem Inneren kommt. Und wenn sie dann mit dem Malen beginnt, braucht sie nur ein paar Pinselstriche, um das auszudrücken, was sie ausdrücken will.

»Ich habe das Metallstück, auf dem ich malen sollte, an einem Mittwoch erhalten«, sagte Pamela. »Am Donnerstag wachte ich morgens auf und wusste, dass dies der Tag war, wo ich das Bild malen würde. Ich spürte ohne Zweifel, dass Gabriel bei mir war, und wusste, dass mein Bild genau so werden würde, wie ich es mir vorgestellt hatte. Auch jetzt wurde ich intuitiv geführt und wusste genau, wie viel Farbe ich benutzen und wie ich sie anbringen musste. Das fertige Bild war genau so, wie ich es mir vorgestellt hatte, und meine Klienten waren begeistert. Ich weiß, dass Erzengel Gabriel an meiner Seite ist, wann immer ich ein Projekt fertigbringen muss. Ich bin so dankbar für seine Unterstützung. Ich weiß, dass ich immer auf Gabriel zählen kann – meinen ganz persönlichen Allround-Kunst-Engel!«

🙠 🙢

Heilendes künstlerisches Schaffen kann die unterschiedlichsten Formen annehmen. Ich bin Menschen begegnet, die heilende Botschaften durch Fotografie, Modedesign, Juwelierarbeit, Blumenarrangements, Tanzen, Innendekoration, Webdesign, Schreiben, Musikmachen und auf viele andere Weise zum Ausdruck bringen. In jedem dieser Fälle ist es die Intention des Künstlers, die Menschen, die seine Kunst sehen, hören oder fühlen, zu inspirieren und ihnen zu helfen. Diese Art des künstlerischen Schaffens ist von Natur aus mit der Energie liebevoller Intentionen erfüllt. Selbst wenn der Heilungseffekt unbewusst eintritt, trifft er definitiv sein Ziel.

Um Menschen zu heilen, braucht ein Künstler ein Publikum. Das ist der Grund, warum Erzengel Gabriel hilft, den Kontakt zwischen Künstler und Publikum herzustellen, auf die gleiche Weise, wie Erzengel Raphael Heiler mit ihren Klienten verbindet. Die Engel sorgen dafür, dass jeder, für den eine bestimmte Kunstform segensreich sein könnte, geführt wird, damit er sie findet.

Zum Beispiel träumte die Grafikdesignerin Adriana Cardenas aus Kolumbien davon, als Künstlerin bekannt zu werden. Sie hatte Bilder ihrer Kinder gemalt und Erfahrungen als Innenarchitektin gesammelt, wusste aber nicht, wie sie mit Galerien in Kontakt kommen konnte, damit ihre Kunst einem größeren Publikum zugänglich werden würde.

Adriana wusste, dass Gabriel ein sehr liebevoller und mächtiger Erzengel ist, der Künstlern hilft. Also beschloss sie, sich an den Botenengel zu wenden und ihn zu bitten, dass ihr die Türen zu den richtigen Gelegenheiten geöffnet werden würden. Außerdem nahm sich Adriana vor, ihr Herz ganz weit zu machen, damit sie die himmlische Hilfe ohne irgendwelche Bedingungen empfangen konnte.

Ein paar Wochen später wurde sie zu einer Ausstellung eingeladen, wo Kleinunternehmer ihre Produkte und Werke zeigen konnten. Adriana beschloss, daran teilzunehmen, und fühlte tief in ihrem Herzen, dass dies eine Tür war, die sich gerade für sie öffnete.

Adriana erinnert sich:

»Die Ausstellung war sehr gut besucht, und viele Besucher kamen an meinen Stand und schauten sich meine Bilder an. Irgendwann fragte mich ein freundlicher Mann, ich schätzte ihn auf Ende vierzig, mit einer sehr angenehmen Energie und liebevollen Worten nach meinen Bildern und den Techniken, die ich benutzte.

Nachdem wir eine Weile gesprochen hatten, lächelte er mich an und sagte: ›Ich finde Ihre Arbeit sehr schön und bin sicher, dass Sie als Malerin eine brillante Zukunft haben werden. Ich weiß, dass Ihre Kunst Sie berühmt machen wird. Mein Name ist Gabriel, wie der Erzengel, damit Sie meinen Namen nicht vergessen. Ich bin Architekt mit einem Master in bildender Kunst und habe daher die besten Kontakte mit Kunstgalerien hier in Kolumbien und in anderen Ländern. Ich würde gerne mit Ihnen zusammenarbeiten und Sie führen, wenn Sie es mir erlauben.‹

Mittlerweile arbeite ich seit sechs Monaten mit diesem Mann und bin damit beschäftigt, meine erste Ausstellung in Toronto vorzubereiten, die in zwei Monaten eröffnet wird. Kurz danach sind meine Bilder bei zwei weiteren Ausstellungen zu sehen, zu denen ich eingeladen wurde.

Was soll ich noch sagen? Engel wie Gabriel sind immer an unserer Seite. Wir müssen nur unser Herz öffnen, um dankbar ihre Liebe anzunehmen.«

Auch in diesem Fall hinterließ Erzengel Gabriel eine »Visitenkarte«, indem er einen Namensvetter schickte, um Adriana zu helfen!

Musikalische Boten

Die alten Griechen glaubten an die heilende Macht der Musik. Apollo, der Gott der Musik, war der Vater von Äskulap, dem Gott der Heilung, der in seinem Hospital Musiktherapie anwandte. Auch Plato, Pythagoras und der chinesische Weise Konfuzius lehrten die emotionalen und physischen Heilungseigenschaften von Musik. In der neueren Zeit haben Wissenschaftler bestätigt, dass Musik segensreich ist für unsere physische Gesundheit.

Schöne Melodien und die Worte in einem Song können uns beglücken und inspirieren. Also ist es nur natürlich, wenn Erzengel Gabriel Menschen hilft, die durch Musik heilende Energie und Liebe vermitteln. Genau wie darstellende Künstler und Autoren können auch Musiker Erzengel Gabriel um Führung und Unterstützung bitten. Der Engel bietet sowohl Inspiration als auch Motivation und stellt die Verbindung zwischen Musikern und Zuhörern her, denen die Musik heilenden Segen bringt.

Zum Beispiel war Jacqi Maltby Michaels mit der Fähigkeit gesegnet, ihren Lebensunterhalt mit dem zu verdienen, was sie am liebsten tut – Singen! Manchmal war sie unglaublich erfolgreich in ihrem Beruf, und manchmal stellte er eine große Herausforderung dar. In den letzten zehn Jahren hat sie vor allem auf großen Kreuzfahrtschiffen das Publikum mit ihrer One-Woman-Show »Singing from the Soul« unterhalten. Sie sah die Welt und verdiente viel Geld. Doch erst seit sie begann, mit den Engeln zu arbeiten, fühlte sie sich wirklich erfüllt und in göttlicher Übereinstimmung mit ihrer Aufgabe.

Und das hat mit Erzengel Gabriel zu tun. Aufgrund der Finanzkrise vor ein paar Jahren mussten die Kreuzfahrtlinien ihr Angebot zurückzuschrauben, und es war schwieriger, ein Engagement zu bekommen. Jacqi hatte immer größere Probleme, ihre Rechnungen zu bezahlen; darüber hinaus war sie todunglücklich über das Ende einer Beziehung und emotional total erschöpft.

Eines Abends machte sie sich gerade fertig für ihre Show und fühlte sich traurig , leer, ungeliebt und total depressiv. Ihre Augen füllten sich mit Tränen, während sie ihr Make-up auftrug. Sie hatte keine Ahnung, wie sie gleich ihre One-Woman-Show durchhalten konnte, die viel Energie erforderte, wenn sie in Wahrheit am Boden zerstört war und kurz vor dem Zusammenbruch stand. Jacqi erinnert sich:

»Ich wollte mich einfach nur in einer Ecke zusammenrollen und weinen. Ich sagte mir selbst: ›*Du bist ein Profi – du kannst es tun!*‹ Außerdem hatte ich keine Wahl, ich musste die Show durchziehen, weil mein Lebensunterhalt davon abhing. Ich trocknete meine Tränen und betete um Hilfe, stand aber auf total wackligen Beinen. Ich setzte einfach einen Fuß vor den anderen und wartete hinter den Kulissen, bis ich dran war. Dabei lächelte ich den Bühnenarbeitern und Musikern zu, doch in Wahrheit fühlte ich mich furchtbar elend. Dann ging ich kurz zurück in meine Garderobe, um noch einmal zu beten, und konnte mich kaum auf den Beinen halten. Ich begann, die Engel zu rufen. ›Ich kann da nicht rausgehen!‹ schrie ich. ›Bitte helft mir!‹

Im nächsten Moment hörte ich die köstlichste ätherische Stimme einer Frau, die sagte: ›Wir werden dich tragen. Alles wird gut sein. Wir werden dich tragen. Du wirst es schaffen.‹

Ich fragte: ›Wer spricht da?‹ Die Antwort kam sofort: ›Ich bin Erzengel Gabriel. Ich bin hier für dich und ich werde dich tragen. Lass uns mit der Arbeit beginnen.‹

Plötzlich war ich von einem wunderbaren Gefühl der Entschlossenheit erfüllt. Beinahe so, als stünde ich unter einem Zauber, ging ich hinaus auf die Bühne und begann mit der Show. Nach jeder Nummer fühlte ich, wie das Licht in meinem Inneren strahlender wurde. Wenn ich ins Stocken kam, hörte ich jedes Mal Gabriels klare und liebevolle Stimme: ›Vertraue darauf, dass wir hier sind, und wir werden dich tragen.‹«

Wunderbarerweise war Jacqi so nicht nur in der Lage, ihre Show durchzuziehen, sondern es wurde sogar die beste auf der ganzen Kreuzfahrt. Sie fühlte sich göttlich inspiriert, und ihre Band, das Publikum und sogar die Barkeeper und Kellner waren voller Freude und Begeisterung. Nach den Standing Ovations weinte sie, aber jetzt waren es Tränen der Freude. Als sie später im Bett lag, fühlte sie sich total geliebt und beschützt und gesegnet, dass ihr ein solch wunderbares Geschenk gemacht worden war. Nun wusste sie, dass die Engel real sind und dass sie uns durch jede Schwierigkeit tragen können. Jacqi sagt dazu:

»Seit jenem Abend bin ich nie mehr auf die Bühne gegangen, ohne vorher die Engel zu bitten, mich zu führen und während meiner Vorstellung bei mir zu sein. Unmittelbar bevor ich die Bühne betrete, frage ich Erzengel Gabriel: ›*Was brauche ich in diesem Moment, um meinem Publikum am besten Gottes Licht und Liebe zu vermitteln?*‹

Und jedes Mal erhalte ich eine Antwort aus einem oder zwei Worten, der ich vertraue und die ich mit auf die Bühne nehme. Die Antwort enttäuscht mich nie, und wenn der Vorhang fällt, weiß ich, dass ich Gottes heilende Arbeit tue und etwas channele, das größer ist als ich. Heute ist meine Arbeit mühelos und auch dann ein Genuss für mich, wenn ich mich nicht hundert-prozentig wohlfühle. Jetzt weiß ich, warum ich singe!«

❧ ❧

Jeder, der sich verpflichtet hat, heilende Botschaften zu bringen, kann Führung und Hilfe von Erzengel Gabriel empfangen, wenn er darum bittet. Genau wie Engel Boten von Gottes heilender Liebe und Licht sind, können auch Menschen als himmlische Vermittler göttlicher Inspiration fungieren. Hier ist ein Beispiel für ein Gebet, das Sie sagen können:

> *»Lieber Gott, ich bitte um eine göttliche Aufgabe,*
> *um allen, die sich danach sehnen, heilende Botschaften*
> *zu bringen. Möge meine Aufgabe kreativ sein und von Freude*
> *erfüllt. Danke, dass du mich bei meinen künstlerischen*
> *Botschaften unterstützt, die deine göttliche Liebe und*
> *dein Licht verbreiten. Amen.«*

❧ ❧ ❧

Kapitel Acht

GABRIEL, DER ENGEL DER KRAFT

Eine Übersetzung von Erzengel Gabriels Name lautet: »Gott ist meine Stärke«, und diese Bezeichnung wurde dem mächtigen Engel nicht umsonst gegeben. Wie wir im Laufe des Buches immer wieder gesehen haben, verkörpert Gabriel ein perfektes Gleichgewicht von weiblicher Fürsorge (bei Eltern, Kindern und sensitiven Künstlern) und männlicher, motivierender Kraft. Das ist wahrscheinlich der Grund, warum Gabriel manchmal als weiblich und zu anderen Zeiten als männlich wahrgenommen wird.

In der folgenden Geschichte tritt Gabriel zum Beispiel in einer sehr männlichen, beschützenden Rolle auf, ähnlich wie Erzengel Michael.

David Litterello, ein Unternehmer und Familienvater aus Maryland, USA, hatte einen wichtigen Geschäftstermin in New York City vereinbart. Er plante, am Sonntagmorgen loszufahren, sodass er gleich Montag früh mit der Arbeit beginnen konnte.

Als er am Sonntagmorgen aufwachte, kamen ihm aus irgendeinem Grund Gedanken an Erzengel Gabriel in den Sinn. Doch dann musste er sich um diverse Familienangelegenheiten kümmern, und er schob diese Gedanken beiseite. Erst um 8 Uhr abends war er so weit, dass er seinen Koffer packen und Richtung Norden nach New York losfahren konnte.

Nach zwei Stunden Autofahrt wurde David plötzlich sehr müde. Weil er jedoch unbedingt so schnell wie möglich in New York sein wollte, drückte er aufs Gaspedal, anstatt sich ein paar Minuten auszuruhen. Gegen halb elf Uhr nachts fuhr er mit ungefähr 130 Sachen auf dem unbeleuchteten und fast verlassenen New Jersey Turnpike.

Als er sich der George Washington Bridge näherte, bog plötzlich ein Baulaster auf die Autobahn und schnitt ihm den Weg ab. David war zu groggy, um zu bemerken, dass sein Wagen von alleine eine dramatische Linksdrehung zu machen schien, gefolgt von einer schnellen Drehung nach rechts, um nicht mit dem näher kommenden Lastwagen zusammenzustoßen. Die nächsten 15 Minuten fuhr er in einem totalen Schockzustand weiter und konnte nicht glauben, was soeben passiert war.

David sagt dazu: »Die ganze Situation schien surreal, beinahe so, als wäre sie nie passiert. Doch dann erinnerte ich mich, wie ich am Morgen beim Aufwachen an Erzengel Gabriel gedacht hatte. Ich wusste, dass nur ein Engel in diesem Moment dazwischengetreten sein konnte, um mir zu helfen, dem entgegenkommenden Truck auszuweichen. Der Termin am nächsten Tag stellte sich als äußerst wichtig für meine Karriere und mein Leben generell heraus, und das Erlebnis hat mich in vielerlei Weise verändert.«

Wann immer Sie Kraft und Schutz brauchen, ist Erzengel Gabriel für Sie da.

Hightech-Bote

Wenn auch viele Menschen Erzengel Gabriel als eine Figur aus der Bibel sehen, ist der Engel mit der Zeit gegangen und heute genauso präsent wie eh und je. Gabriel hat bis heute eine Trompete, um Botschaften zu verkünden, doch ist er ebenso versiert im Umgang mit den neuesten Formen der

Technologie. Ich liebe die folgende Geschichte, in der Gabriel sich im Verlauf einer Texting-Session zeigte:

Die Neuseeländerin Cherry Zsu hatte vor nicht allzu langer Zeit bei meinem *Angel Intuitiv*-Seminar in Australien eine interessante Begegnung mit Erzengel Gabriel. Während einer Meditation nannte ich der Reihe nach die Namen aller Erzengel, untermalt von den jeweils mit ihnen assoziierten Melodien. Sobald Cherry ihre Augen geschlossen hatte, geriet sie in einen Zustand tiefer Ruhe.

Als ich den Namen »Erzengel Gabriel« sagte, sah Cherry ein strahlendes orangefarbenes Licht vor ihrem inneren Auge und fühlte auf Anhieb eine starke Verbindung zu dem Erzengel. Und plötzlich merkte sie, wie das Mobiltelefon in ihrer Handtasche vibrierte.

Cherry sagt: »In dem Moment dachte ich: ›Gott sei Dank ist es auf leise gestellt, und ich bin nicht aufgesprungen!‹«

Nach der Meditation sah Cherry auf ihrem Telefon nach und las eine SMS von der Tochter einer Freundin, die sie um Hilfe bei einem Internetproblem bat. Sie war ein wenig überrascht, da sie selten eine SMS von dieser Frau erhielt. Doch Cherry meldete sich bei ihr und freute sich, das Problem mit dem Internet lösen zu können.

Sie sagt: »Rückblickend dachte ich, wie interessant, wird Erzengel Gabriel doch mit Kommunikation und der Übermittlung von Botschaften assoziiert. Es war, als wollte Gabriel mich über ihre hilfreiche Gegenwart informieren, indem sie von weit her eine Textbotschaft sandte. Was mir wiederum die Möglichkeit gab, der Tochter meiner Freundin zu helfen.«

Klare Botschaften und Zeichen

Wenn Sie wie Cherry das Gefühl haben, eine Botschaft von Gabriel zu empfangen ... vertrauen Sie darauf, *dass es so ist.* Sollten Sie sich dennoch nicht sicher sein, ob es sich wirklich um eine göttliche Botschaft handelt, bitten Sie um Bestätigung, zum Beispiel indem Sie sagen:

> *»Bitte schicke mir ein Zeichen in der physischen Welt,*
> *das ich deutlich sehe und das mir helfen kann zu wissen,*
> *dass ich dich richtig verstanden habe.«*

Oder falls Sie bereits Zeichen bekommen haben, aber nicht sicher sind, was sie bedeuten:

> *»Bitte gib mir zusätzliche Information über die Bedeutung*
> *und Führung hinter diesen Symbolen. Hilf mir zu wissen,*
> *in welcher Weise diese Information auf mich zutrifft.«*

Wenn Sie *wissen*, worin Erzengel Gabriels Führung besteht, aber zu verschüchtert bzw. zu unsicher sind, um ihr zu folgen, können Sie den Engel um mehr Kraft und Mut bitten:

> *»Bitte stärke mein Vertrauen, meine Kraft und meinen Mut,*
> *wenn es darum geht, positive Veränderungen in meinem*
> *Leben vorzunehmen und den nächsten Schritt auf dem Weg*
> *meiner göttlichen Lebensaufgabe zu tun.«*

Drehungen und Wendungen

Wann immer wir um Gottes Hilfe bitten, wird sie uns gewährt. Die unendliche Weisheit unseres Schöpfers sieht bereits die Lösung für jede Art von Problem. In der Regel beinhalten diese Lösungen Drehungen und Wendungen, die jenseits unserer menschlichen Kapazität liegen, Dinge zu planen und Entwicklungen vorauszusehen.

Daher ist es so wichtig, das Bedürfnis loszulassen, die Resultate Ihrer Gebete zu kontrollieren. Bitten Sie einfach um Hilfe und dann gehen Sie aus dem Weg und überlassen das Feld den himmlischen Kräften.

Wenn Sie erwarten, dass Gebete auf eine bestimmte Art beantwortet werden, übersehen Sie unter Umständen die Antwort, weil sie Ihren Erwartungen nicht entspricht. Oder wenn Sie in Ihrem Gebet Gott sagen, »wie er die Angelegenheit erledigen soll«, könnten Sie damit die Lösung Ihrer Situation behindern.

Nachdem Sie gebetet haben, vergeuden Sie also bitte keine Zeit oder Energie damit, sich darüber Sorgen zu machen, *wie* Ihr Gebet beantwortet wird. Überlassen Sie die Logistik Gott.

Ihre einzige Rolle bei der Antwort auf Gebete besteht darin, die ursprüngliche Bitte darzubieten (da – wie ich bereits mehrfach erwähnt habe – der Himmel nur intervenieren kann, wenn Sie ihm die Erlaubnis dazu geben) und dann der Führung zu folgen, die Sie empfangen.

Hier ist ein wunderbares Beispiel von einer Frau, die um neue Freundschaften gebeten hat und dann der Führung gefolgt ist, die sie erhielt:

Kristina G. hatte kürzlich entdeckt, dass Erzengel Gabriel einer ihrer Schutzengel ist. Nachdem sie dem Engel »geschrieben« und erklärt hatte, auf welche Weise sie ihre Talente als Fotografin entwickeln und außerdem neue Freunde in ihr Leben bringen wollte, vernahm Kristina etwas, das sich wie ein Morsecode anhörte und aus der Richtung ihres Schlafzimmerfensters zu kommen schien. Sie schaute hinaus und sah einen wunderschönen Sonnenuntergang, was sie dazu inspirierte, hinauszugehen und Fotos zu machen.

Kristina erinnert sich:

»Während ich fotografierte, kam ein Mädchen mit einem Hund vorbei. Wir plauderten ein wenig, und dann ging sie weiter. Gleich darauf hörte ich eine Stimme, die mehrfach wiederholte: ›Rede mit ihr!‹ Also lief ich hinter dem Mädchen her und rief ihm zu, er möge bitte auf mich warten. Wir sprachen noch eine Weile miteinander, und sie gab mir ihre Telefonnummer. Wir haben vor, uns näher kennenzulernen, und ich freue mich darauf, Zeit mit ihr zu verbringen!

Ungefähr eine Stunde später fand ich außerdem heraus, dass ein Naturfotograf, dessen Bilder ich ganz

besonders liebe, ein Forum für Menschen anbietet, wo sie ihre Ideen teilen und ihre Arbeit entwickeln können. Ich kann es kaum erwarten, daran teilzunehmen! Ich bin Gott und den Engeln von Herzen dankbar für ihre Liebe, Führung und Unterstützung.«

Beide Bitten von Kristina (Fotografie und neue Freundschaft) wurden zur gleichen Zeit erfüllt, weil sie bereit war, ihrer Eingebung zu folgen, nach draußen zu gehen, mit einer Fremden zu reden und einem Fotografieklub beizutreten. Der himmlischen Führung zu folgen, veranlasst uns manchmal dazu, unsere Komfortzone zu verlassen. Aber das ist es jedes Mal wert.

Gabriel, der bodenständige, praktische Engel

In den Augen mancher Menschen sind Engel »Larifari«-Wesen, dabei sind sie in Wahrheit äußerst praktisch veranlagt. Engel sind hier, um Gottes Botschaft des Friedens in die Tat umzusetzen, mit einem Menschen nach dem anderen. Daher freuen sich die Engel, Ihnen und Ihren Lieben bei allem zu helfen, was *Ihnen* Frieden bringt. Und das ist wahrhaftig eine *sehr* zweckmäßige und praktische Mission!

Erzengel Gabriel wird Ihnen bei allen Arten der Kommunikation helfen, wie wir in den Beispielen auf den Seiten dieses Buches gesehen haben. Da klare Kommunikation die Basis sowohl von persönlichen als auch geschäftlichen Beziehungen ist, heilt Erzengel Gabriel unsere Beziehungen mit anderen, indem er unsere gesprochenen und geschriebenen Worte führt.

Darum macht es auch Sinn, dass Erzengel Gabriel in einer Angelegenheit intervenierte, bei der es um eine Versicherungsabfindung ging, damit klare Kommunikation obsiegen konnte:

Vor Jahren war Lamdanys 13-jährige Tochter B.* auf ihrem Heimweg von der Schule Opfer eines schlimmen Verkehrsunfalls geworden. Ein Lastwagen hatte sie angefahren, und es war ein Wunder, dass sie überlebte. Es dauerte fast anderthalb Jahre, bis sie wieder laufen konnte. Die Familie ging davon aus, dass jetzt alles gut war und ihr Leben wieder zur Normalität zurückkehren konnte. Doch es dauerte nicht lange, und B. bekam immer größere Schmerzen. Nachdem sie vier Jahre wieder hatte laufen können, brauchte sie jetzt erneut ihre Krücken. Weitere vier Jahre später saß sie im Rollstuhl. Niemand konnte sich diese Form der Regression erklären.

In der Zwischenzeit weigerte sich die Versicherungsgesellschaft, die für die Langzeitpflege bei Verkehrsunfällen nach der Schule verantwortlich war, zu zahlen, weil sie glaubte, es gäbe einen neuen Grund dafür, dass B. nach so langer Zeit nicht mehr laufen konnte.

Alles schien festgefahren zu sein, und eine positive Entwicklung war nicht abzusehen. Dann fiel B. aus ihrem Rollstuhl, verletzte sich am Arm und fiel in eine so schwere Depression, dass sie Psychopharmaka nehmen musste.

Lamdany erinnert sich:

»Im Sommer 2008 las ich in einem von Doreens Büchern, dass Erzengel Gabriel helfen kann, wenn eine Situation blockiert ist, also flehte ich den Engel um Hilfe an und bat ihn, alle Ursachen zu heilen, die ein positives Resultat für meine Tochter verhinderten. Ein paar Tage später überkam mich plötzlich ein Gefühl der Erleichterung bezüglich der ganzen Angelegenheit. Zum ersten Mal hatte ich das sichere Gefühl, dass eines Tages alles gut sein würde.

Wochen später schickte B. uns eine E-Mail aus dem College, wo sie Physik studierte, und fragte uns, ob es okay sein würde, in eine Reha-Klinik zu gehen, damit ihr Arm geheilt werden konnte. Natürlich waren wir sofort einverstanden, auch wenn die Versicherungsgesellschaft sich weigerte, dafür zu zahlen.

In dieser Klinik traf B. einen Mitpatienten, der ein Gespräch mit ihr begann. Es stellte sich heraus, dass er der Vizepräsident der Versicherung war, die sich geweigert hatte, ihr zu helfen. Daraufhin arrangierte er ein Meeting bei der Firma mit dem Ziel, B. finanzielle Hilfe zukommen zu lassen. Mein Mann und ich gingen gemeinsam mit unserer Tochter zu diesem Meeting, bei der auch besagter Vizepräsident der Gesellschaft anwesend war. Als Erstes entschuldigte er sich bei unserer Tochter für alles, was sie aufgrund der Fehler seiner Firma ertragen musste. Schließlich wurden ihr nicht nur die früheren Kosten für Krankenhausaufenthalt und Behandlungen ersetzt, sondern sie bekam eine zusätzliche Summe, die ausreichte, um ihre Rehabilitation in der Klinik zu decken.«

Diese Entwicklung war für alle Beteiligten ein Wunder, noch dazu ein paar Tage vor Weihnachten! Lamdany und ihre Familie dankten dem Vizepräsidenten der Versicherungsgesellschaft aus ganzem Herzen für seine Hilfe. Es erübrigt sich zu sagen, dass sie natürlich auch Erzengel Gabriel ihre Dankbarkeit für diese göttliche Intervention ausdrückten.

Untrügliche Zeichen, dass Erzengel Gabriel bei Ihnen ist

Gabriel, wie alle Erzengel, liebt bedingungslos, überkonfessionell, unbegrenzt und blickt unter die Oberfläche. Er weiß um Ihre wahre göttliche Natur und Lebensaufgabe. Daher ist Gabriel entzückt, wenn er Ihnen – und jedem anderen Menschen – in Situationen helfen kann, die mit Kindern, klarer Kommunikation und dem Bedürfnis nach innerer Kraft zu tun haben.

Alles, was Sie tun müssen, ist, ihn darum zu bitten. Denken Sie einfach den Namen *Gabriel* oder sagen Sie ihn mit lauter Stimme, und der Engel ist umgehend an Ihrer Seite. So wie bei den anderen Erzengeln ist auch Gabriels Präsenz unverkennbar.

Sie wissen, dass Erzengel Gabriel bei Ihnen ist, wenn Sie ...

- ... plötzlich aus heiterem Himmel an Erzengel Gabriel denken.

- ... Hinweise auf Gabriel hören oder sehen.

- ... Personen begegnen, die Gabriel oder Gabriele heißen.

- ... den plötzlichen starken Wunsch verspüren, zu schreiben.

- ... die Verpflichtung eingehen, an Ihren künstlerischen Projekten zu arbeiten.

- ... intuitive Botschaften in Bezug auf Ihr Kind hören.

- ... den ausgeprägten Wunsch haben, Kindern zu helfen.

- ... die Farbe Kupfer oder Orange sehen, wo immer Sie hingehen, oder sich zu diesen Farben hingezogen fühlen.

- ... funkelnde kupfer- oder orangefarbene Lichtblitze sehen, ohne erkennbaren physischen Ursprung.

- ... weiße Lichter sehen.

- ... Nashörner oder Trompeten sehen.

- ... *fühlen*, dass Gabriel bei Ihnen ist.

Kinder vertrauen von Natur aus ihren Intuitionen, einschließlich ihrer Gefühle, im Hinblick auf Engel. Ich bete, dass Erwachsene sich dieses reine Vertrauen erhalten.

❧ ❧

Als Rolinka vier Jahre alt war, schenkte ihr Vater ihr einen Christbaumanhänger in Form eines Engels. Die kleine Rolinka beschloss auf der Stelle, dass es Erzengel Gabriel war, auch wenn ihre Eltern ihre Begründung nicht verstanden. Seit jenem Tag hat Rolinka mit Gabriel über alles gesprochen, was ihr am Herzen lag, was eine große Erleichterung für dieses einsame kleine Mädchen war, das von Anfang an das Gefühl hatte, nicht dazuzugehören.

Rolinka weiß, dass Gabriel sie berät und tröstet. Sie tut ihr Bestes, um auf ihn zu hören, vor allen Dingen bei wichtigen Veränderungen in ihrem Leben oder schmerzlichen Erfahrungen. Heute ist sie 47 Jahre alt und noch immer hat sie ihren Gabriel-Christbaumschmuck.

Rolinka erwähnte noch ein anderes Zeichen, durch das die Engel (einschließlich Gabriel) mit uns kommunizieren – einen hohen, fast schrillen Ton oder ein Pfeifen in einem Ohr. Dies ist die nonverbale Art, wie Engel wichtige Informationen für uns »downloaden«. Vielleicht hören Sie ihre spezifischen Worte nicht, doch ihre Antworten werden Ihnen wie eine Art inneres Wissen zur Verfügung stehen.

Das Ohr, in dem Sie dieses Klingeln oder Pfeifen hören, ist Ihr »geistiges Ohr«, und Sie können den Lauten vertrauen, die Sie mit diesem Ohr empfangen. Im Gegensatz dazu ist das andere Ihr »Ego-Ohr«, das Ihnen ängstliche, sorgenvolle Gedanken eingibt, die auf Angst anstatt auf Realität basieren. Sobald Sie beginnen, zwischen diesen beiden Ohren zu unterscheiden, werden Sie noch größeres Vertrauen in die Präsenz des Göttlichen entwickeln.

Außerdem können Sie darum bitten, dass das Klingeln oder Pfeifen niedriger oder leiser gestellt wird, wenn es zu laut ist. Und die beste Neuigkeit von allem ist, dass Sie Erzengel Gabriel bitten können, wenn nötig, lauter zu sprechen oder verwirrende Botschaften zu erklären.

Und Sie müssen nichts weiter tun, als ihn darum zu bitten!

🕊 🕊 🕊

Anhang

Biblische Referenzen zu
Erzengel Gabriel

Dies sind Abschnitte aus der King-James-Bibel, in denen
Gabriel spezifisch namentlich erwähnt wird:

Außerdem hörte ich eine menschliche Stimme,
die über dem Ulaj rief und sprach:
»Gabriel, erkläre diesem da die Erscheinung!«

(Daniel 8:16)

Während ich also noch mein Gebet sprach,
da eilte der Mann Gabriel, den ich früher im Gesicht
geschaut hatte, im Fluge zu mir heran.
Es war um die Zeit des Abendopfers.

(Daniel 9:21)

Nachdem viele es unternommen haben, einen Bericht
abzufassen über die Dinge, die sich unter uns
zugetragen haben, entsprechend der Überlieferung
derer, die von Anfang an Augenzeugen und Diener des
Wortes waren, habe auch ich mich entschieden, allem
von Anfang an sorgfältig nachzugehen und es dir der
Reihe nach niederzuschreiben, erlauchter Theophilus,
damit du dich überzeugest von der Zuverlässigkeit der
Worte, von denen die Kunde kam.

Es war in den Tagen des Herodes, des Königs von Judäa,
da lebte ein Priester mit Namen Zacharias, aus der
Klasse des Abia, der hatte eine Frau aus den Töchtern
Aarons, und ihr Name war Elisabeth.

Beide waren gerecht vor Gott und wandelten untadelig
in allen Geboten und Satzungen des Herrn. Sie waren
jedoch kinderlos, da Elisabeth unfruchtbar war, und
beide standen in vorgerücktem Alter.

Es begab sich nun, als Zacharias in der Ordnung seines
Dienstes vor Gott sein priesterliches Amt versah, da
traf ihn nach dem Brauch der Priesterschaft das Los,
zur Darbringung des Rauchopfers den Tempel des
Herrn zu betreten.

Die ganze Menge des Volkes aber stand zur Stunde des
Rauchopfers draußen und betete.

Da erschien ihm ein Engel des Herrn, der stand zur
Rechten des Rauchopferaltars, und Zacharias erschrak,
als er ihn sah, und Furcht überwältigte ihn.

Der Engel aber sprach zu ihm:

»Fürchte dich nicht, Zacharias, denn dein Beten wurde
erhört, und deine Frau wird dir einen Sohn gebären,
den sollst du Johannes nennen.

Du wirst Freude und Jubel haben, und viele werden sich
freuen über seine Geburt, denn er wird groß sein vor
dem Herrn: Wein und berauschendes Getränk wird er

nicht trinken, und mit Heiligem Geist wird er erfüllt
werden, schon vom Schoße seiner Mutter an.

Viele von den Söhnen Israels wird er bekehren zum Herrn,
ihrem Gott, und er wird vor ihm hergehen im Geist
und in der Kraft des Elias, um hinzuwenden die
Herzen der Väter zu ihren Kindern und die
Widerspenstigen zur Gesinnung von Gerechten und
so dem Herrn ein wohlgeordnetes Volk zu bereiten.«

Da sprach Zacharias zum Engel:

»Woran soll ich das erkennen? Bin ich doch ein alter
Mann, und meine Frau ist vorgerückt in ihren Tagen.«

Der Engel antwortete ihm:

»Ich bin Gabriel, der vor Gott steht, und ich wurde
gesandt, um zu dir zu sprechen und dir diese freudige
Botschaft zu bringen.

Siehe, du wirst stumm sein und nicht reden können bis
zu dem Tag, da dies geschehen wird, weil du meinen
Worten nicht geglaubt hast, die in Erfüllung gehen
werden zu ihrer Zeit.«

Das Volk aber wartete auf Zacharias, und sie wunderten
sich, dass er so lange im Tempel verweilte.

Als er herauskam, konnte er zu ihnen nicht sprechen, und
sie erkannten, dass er ein Gesicht im Tempel geschaut
hatte. Er gab ihnen nur Zeichen und blieb stumm.

Als die Tage seines Dienstes zu Ende waren, kehrte er
zurück in sein Haus.

Nach diesen Tagen aber empfing Elisabeth, seine Frau,
und hielt sich fünf Monate verborgen und sprach:

»So hat an mir getan der Herr in den Tagen, da er
herniedersah, um meine Schmach hinwegzunehmen
unter den Menschen.«

Im sechsten Monat wurde der Engel Gabriel von Gott
gesandt in eine Stadt Galiläas mit Namen Nazareth,
zu einer Jungfrau, die verlobt war mit einem Manne

aus dem Hause Davids, namens Joseph, und der Name
der Jungfrau war Maria.

Und er trat bei ihr ein und sprach: »Sei gegrüßt,
Begnadete, der Herr ist mit dir, du bist gebenedeit
unter den Frauen.«

Sie aber wurde bestürzt bei dem Wort und dachte nach,
was dieser Gruß bedeute.

Der Engel sprach zu ihr: »Fürchte dich nicht, Maria, denn
du hast Gnade gefunden bei Gott. Siehe, du wirst
empfangen und einen Sohn gebären und ihn Jesus
nennen.

Dieser wird groß sein und Sohn des Allerhöchsten
genannt werden; Gott, der Herr, wird ihm den Thron
seines Vaters David geben, und er wird herrschen über
das Haus Jakobs ewiglich, und seines Reiches wird
kein Ende sein.«

Maria sprach zum Engel: »Wie wird dies geschehen, da ich
einen Mann nicht erkenne?«

Der Engel antwortete ihr: »Der Heilige Geist wird über
dich kommen, und da die Kraft des Allerhöchsten
dich überschatten wird, so wird auch das Heilige, das
geboren wird, Sohn Gottes genannt werden.

Siehe, Elisabeth, deine Verwandte, auch sie empfängt
einen Sohn in ihrem Alter, und dies ist der sechste
Monat für sie, die als unfruchtbar galt; denn bei Gott
ist kein Ding unmöglich.«

Maria sprach: »Siehe, ich bin die Magd des Herrn; mir
geschehe nach deinem Wort!« Und der Engel schied
von ihr.

Maria aber machte sich in diesen Tagen auf und ging
eilends in das Gebirge, in eine Stadt Judas. Sie trat in
das Haus des Zacharias und begrüßte Elisabeth.

Und es begab sich, als Elisabeth den Gruß Marias hörte, da
hüpfte das Kind in ihrem Leibe, und Elisabeth wurde

erfüllt vom Heiligen Geiste, erhob laut ihre Stimme
und rief: »Gebenedeit bist du unter den Frauen,
und gebenedeit ist die Frucht deines Leibes!
Woher geschieht mir dies, dass die Mutter meines
Herrn zu mir kommt? Denn siehe, als der Klang
deines Grußes an meine Ohren kam, hüpfte
frohlockend das Kind in meinem Leibe. Selig, die
geglaubt hat, dass in Erfüllung gehen wird, was ihr
gesagt worden ist vom Herrn.«

Und Maria sprach: »Hochpreiset meine Seele den Herrn,
und mein Geist frohlockt über Gott, meinen Heiland;
er schaute gnädig herab auf die Niedrigkeit seiner
Magd; denn siehe, von nun an werden mich
seligpreisen alle Geschlechter. Großes tat an mir der
Mächtige, und heilig ist sein Name. Sein Erbarmen
gilt von Geschlecht zu Geschlecht denen, die ihn
fürchten. Er übte Macht aus mit seinem Arm; er
zerstreute, die hochmütig sind in ihres Herzens
Sinnen. Gewalthaber stürzte er vom Thron, und
er erhöhte die Niedrigen; Hungrige erfüllte er mit
Gütern, und Reiche schickte er leer von dannen.

Er nahm sich Israels an, seines Knechtes, zu gedenken
seines Erbarmens – wie er zu unseren Vätern sprach –
für Abraham und seine Nachkommen auf ewig.«

Maria bleib bei ihr etwa drei Monate und kehrte zurück
in ihr Haus.

Für Elisabeth aber erfüllte sich die Zeit ihrer Niederkunft,
und sie gebar einen Sohn.

Ihre Nachbarn und Verwandten hörten, dass der Herr
großes Erbarmen erwiesen habe an ihr, und freuten
sich mit ihr.

Es war am achten Tag, da kamen sie, das Kindlein zu
beschneiden, und wollten es nach seines Vaters
Namen Zacharias nennen.

Seine Mutter aber entgegnete: »Nein, Johannes soll es heißen!«

Sie sagten zu ihr: »Niemand ist in deiner Verwandtschaft, der diesen Namen trägt!«

Da winkten sie seinem Vater, wie er ihn genannt haben wolle. Dieser verlangte ein Täfelchen und schrieb die Worte: »Johannes ist sein Name.« Da verwunderten sich alle.

Im gleichen Augenblick aber tat sich sein Mund auf, und seine Zunge wurde gelöst, und er redete und lobte Gott.

Da kam Furcht über alle ihre Nachbarn ringsum, und im ganzen Bergland von Judäa erzählte man sich von all diesen Dingen, und alle, die davon hörten, nahmen es sich zu Herzen und sagten: »Was wird wohl aus diesem Kinde werden?« Denn die Hand des Herrn war mit ihm.

Zacharias aber, sein Vater, wurde erfüllt vom Heiligen Geiste, und prophetisch sprach er: »Gepriesen sei der Herr, der Gott Israels; denn heimgesucht hat er sein Volk und ihm Erlösung bereitet. Er ließ uns erstehen, ein Horn des Heilens im Haus seines Knechtes David, wie er verkündet hat seit Urzeit durch den Mund seiner heiligen Propheten: Errettung von unseren Feinden und aus der Hand aller, die uns hassen, um Erbarmen zu erweisen unseren Vätern und zu gedenken seines heiligen Bundes, des Eides, den er geschworen vor Abraham, unserem Vater, er werde uns verleihen, dass wir, befreit aus der Hand unserer Feinde, furchtlos ihm dienen in Heiligkeit und Gerechtigkeit vor ihm all unsere Tage.

Und du, Kind, wirst Prophet des Höchsten genannt werden; denn du wirst einhergehen vor dem Herrn, um seine Wege zu bereiten, um seinem Volke zu

bringen Erkenntnis des Heils durch Vergebung ihrer
Sünden, ob der innigsten Erbarmung unseres Gottes,
mit der uns heimsuchen wird ein aufgehend Licht
aus der Höhe, um denen zu leuchten, die in Finsternis
sitzen und im Schatten des Todes, und unsere Füße
zu lenken auf dem Weg des Friedens.«

Der Knabe aber wuchs heran, wurde stark an Geist und
lebte in der Wüste bis zum Tage seines Auftretens vor
Israel.

(Lukas 1)

über die Autorin

Doreen Virtue hat einen B.A., M.A. und Ph.D. in beratender Psychologie und arbeitet mit der Ebene der Engel. Sie ist u. a. Autorin der Bücher *Die Heilkraft der Engel* und *Das Heilorakel der Engel, Erzengel und wie man sie ruft* sowie *Die Engel-Therapie*. Ihre Produkte sind in den meisten Sprachen weltweit erhältlich.

Doreen war Gast bei *Oprah, CNN, The View* und anderen Fernseh- und Radioshows. Sie schreibt regelmäßige Kolumnen für *Woman's World* und *Spirit & Destiny*. Für weitere Informationen über Doreen und ihre Seminare gehen Sie bitte auf ihre Website **www.AngelTherapy.com**.

Außerdem können Sie Doreens wöchentliche Live-Radiosendung hören und sie um ein telefonisches Reading bitten, auf **HayHouseRadio.com**®.

🦌 🦌 🦌

Bibliografie

Von Doreen Virtue sind in unserem Haus erschienen:

Himmlische Fülle (Allegria)
Engel-Detox (Allegria)
Engel-Worte (Allegria)
Chakra Clearing (Allegria)
Engel-Notruf (Allegria)
Feen Notruf (Allegria)

Erzengel Gabriel
NEIN sagen mit den Engeln der Erde
Die Blumen der Engel
Alles über Erzengel
Alles über Engel
Maria – Königin der Engel
Die Engel-Therapie
Alles über Erzengel
Das hungrige Herz
Erzengel Raphael

Erzengel Michael
Der Tempel der Engel
Medizin der Engel
Erzengel und wie man sie ruft
Botschaft der Engel
Die Zahlen der Engel
Die Heilkraft der Engel
Die Heilkraft der Feen
Engel-Gespräche
Neue Engel-Gespräche
Engel der Erde
Dein Leben im Licht
Das Heilgeheimnis der Engel
Zeit-Therapie
Kristall-Therapie
Engel-Hilfe für jeden Tag
Die neuen Engel der Erde
Der Hunger nach Liebe

Die Blumen der Engel (CD)
Engel-Worte (CD)
Maria- Königin der Engel (CD)
Meditationen zur Engel-Therapie (CD)
Rückführung mit den Engeln (CD)
Erzengel Michael (CD)
Erzengel Gabriel (CD)
Das Geschenk der Engel (CD)
Medizin der Engel (CD)
Die Engel von Atlantis (CD)
Die Engel der Liebe (CD)
Engel der Erde (CD)

Bibliografie

Heilkraft der Engel (CD)
Himmlische Helfer (CD)
Heilgeheimnis der Engel (CD)

🐾 🐾

Angel Reading (DVD)

🐾 🐾

Das Antworten der Engel-Orakel (Kartendeck)
Schutzengel-Tarot (Kartendeck)
Das Erzengel-Tarot (Kartendeck)
Das Engel-Tarot (Kartendeck)
Das Blumen der Engel-Orakel (Kartendeck)
Maria – Königin der Engel-Orakel (Kartendeck)
Das Traum-Orakel der Engel (Kartendeck)
Das Engel der Liebe-Orakel (Kartendeck)
Das Lebensorakel der Engel (Kartendeck)
Das Engel-Therapie-Orakel (Kartendeck)
Das Engel-Orakel für jeden Tag (Kartendeck)
Das Heil-Orakel der Feen (Kartendeck)
Das Erzengel-Orakel (Kartendeck)
Das Erzengel Michael-Orakel (Kartendeck)
Das Heil-Orakel der Engel (Kartendeck)
Das Orakel der himmlischen Helfer (Kartendeck)
Das Einhorn Orakel (Kartendeck)
Magisches Orakel der Feen (Kartendeck)

🐾 🐾

Deine Engel für das ganze Jahr
(Kalenderaufsteller)

GOTT NEU BEGEGNEN

Neale Donald Walsch
Gottes Botschaft an die Welt
Ihr habt mich
nicht verstanden!

Was wäre, wenn wir in vielem, was das Christentum lehrt, falsch lägen? Was wäre, wenn wir Gott von Grund auf falsch verstanden hätten?

Bekannt geworden ist Neale Donald Walsch einer großen Leserschaft durch seine *Gespräche mit Gott*. Nun fragt er sich: Ist das, was wir zu verstehen glauben, wirklich die echte Botschaft? Neale Donald Walsch analysiert zentrale Aussagen und stößt zu ihrem Kern vor. Leidenschaftlich und mit Verve zeigt er, dass es dringend notwendig ist, unser Verständnis von Gott zu überdenken. Dabei entwickelt er ein neues spirituelles Selbstverständnis und lädt ein, Gott neu zu begegnen.

Dieses bemerkenswerte Buch eröffnet ganz neue Perspektiven auf unsere Beziehung zu Gott.

304 Seiten
€ [D] 19,99 / € [A] 20,60 / sFr 22,90
ISBN: 978-3-7934-2294-5
Auch als E-Book erhältlich.
www.allegria-verlag.de

MIT DEM KÖRPER IM EINKLANG

Sabrina Fox
BODYBLESSING
Der liebevolle Weg
zum eigenen Körper

Warum sehe ich so aus, wie ich aussehe? Warum zeigt mein Körper Schwächen? Warum macht er nicht, was ich will?

In der einfühlsamen und humorvollen Art, die sie zu einer Ikone der spirituellen Frauenszene gemacht hat, beschreibt Sabrina Fox, wie sie ihren eigenen Körper zu verstehen und lieben gelernt hat – dabei gibt sie den Leserinnen eine Fülle von Anregungen für den richtigen Umgang mit sich selbst und dem eigenen Körper, denn er ist ein Geschenk. Das Geschenk unserer Seele.

320 Seiten
€ [D] 8,99 / € [A] 9,30 / sFr 10,50
ISBN: 978-3-548-74577-0
Auch als E-Book erhältlich.
www.allegria-verlag.de